DIREITO À MORTE

UMA ANÁLISE DA POSSIBILIDADE
JURÍDICA DO DIREITO À MORTE NO
ORDENAMENTO JURÍDICO
BRASILEIRO

GUSTAVO HENRIQUE CAVALCANTE MARQUES

1

FICHA CATALOGRÁFICA

Marques, Gustavo Henrique Cavalcante

A possibilidade jurídica do direito à morte / Gustavo Henrique Cavalcante Marques. 2018.

1. Morte - Aspectos morais e éticos 2. Eutanásia - Aspectos jurídicos 3. Dignidade humana I. Título.

"Pecar pelo silêncio, quando se deve protestar, transforma homens em covardes"

(Abraham Lincoln)

"Deveríamos ser capazes de recusar-nos a viver se o preço da vida é a tortura de seres sensíveis"

(Mahatma Gandhi)

"O que é então a lei? É a organização coletiva do direito individual de legítima defesa"

(Frederic Bastiat)

SOBRE O AUTOR

Gustavo Henrique Cavalcante Marques, advogado, especialista em Direito Constitucional e Direito Administrativo pela Escola Paulista de Direito e Universidade Estácio de Sá, pesquisador, presidente da Academia de Direito do ABC. Autor das obras: "Attis: Os Quinze Símbolos"; "Homintes: Os Quinze Símbolos", "A Fantástica Mente de Luccas Fernandes", "Licitações Públicas: Um guia para quem pretende fornecer para o Poder Público". Participou das Antologias Literárias: "Nanquim" e "Etéreo" publicadas pela Editora Andross e Organizador da obra "O Sistema Recursal no Novo CPC" palestrante, professor e Coordenador de conteúdo da escola jurídica Cultur, Sócio da VBM Advogados.

NOTAS DO AUTOR

Esta obra é a consequência do amor pelo Direito, pela Justiça e pela Pesquisa. Dedico este trabalho a cada indivíduo deste planeta, sobretudo àqueles que sofrem tamanho mal, capaz de ferir sua dignidade de forma irreversível, fazendo com que a vida se torne um fardo pesado de gosto amargo, de calor que não consome, mas queima, tortura o corpo que assiste a alma se esfalecer lentamente enquanto clama por sua liberdade.

Trazer em pauta o Direito à Morte digna é de extrema urgência e necessidade, vez que enquanto o Brasil for leniente em discutir e positivar sobre o assunto, milhares de pessoas tem diariamente sua dignidade violada.

Trata-se de um tema que, principalmente nas últimas décadas, vem ganhando atenção cada vez maior, sendo já positivada em alguns países da União Europeia e de alguns estados dos Estados Unidos da América.

Todo o conteúdo dessa obra foi extraído do Trabalho de Conclusão de Curso para a graduação do Autor, apresentado, aprovado e indicado para a publicação pela Banca Examinadora composta pelos seguintes membros:

Maria Garcia: Professora Associada Livre-Docente da PUC / São Paulo. Professora de Direito Constitucional, Direito Educacional e Biodireito Constitucional. Coordenadora do Programa de Direito Constitucional da Pós-Graduação da PUC-SP. Professora de Biodireito/Bioética do Centro Universitário Assunção - UNIFAI. Membro da CoBi ? Comissão de Bioética do HCFMUSP. Membro do Instituto dos Advogados de São Paulo/IASP. Procuradora do Estado de São Paulo(IPESP).

Ex-Assistente Jurídico da Reitoria da USP. Membro-fundador e atual Diretora Geral do Instituto Brasileiro de Direito Constitucional (IBDC). Coordenadora Revista de Direito Constitucional e Internacional Editora Revista dos Tribunais). Membro da Academia Paulista de Letras Jurídicas (Cadeira Enrico T. Liebman). Associada Honorária do CONPEDI. Membro do Conselho Deliberativo do Instituto dos Advogados de São Paulo - IASP(triênio 2015-2017). Membro do Conselho Superior de Direito da Federação do Comércio - FECOMERCIO. Membro do Conselho Editorial da Revista da Escola Superior da Procuradoria Geral do Estado de São Paulo.

Maria Cristina Teixeira: Cursou graduação (1986), mestrado (2006) e doutorado (2017) em Direito na Pontifícia Universidade Católica de São Paulo. É coordenadora do Curso de Direito da Universidade Metodista de São Paulo, onde ministra aulas de Direito Constitucional e é professora do Curso de Gestão Pública. Investigadora integrada do CEIS 20 - UC, onde realiza o pós doutorado. É professora associada do Instituto Brasileiro de Direito Constitucional (IBDC). Tem experiência em Direito Público e atua, principalmente, nos seguintes temas: constituição, direitos fundamentais, criança e adolescente, políticas públicas, direito à educação e cidadania.

E o orientador **Wallace Couto Dias:** Mestre em Processo Civil pela Pontifícia Universidade Católica de São Paulo - PUC-SP (2014); pós-graduado em Direito Civil pela Universidade Presbiteriana Mackenzie (2011), em Processo Civil pela Universidade Municipal de São Caetano do Sul (2011), em Direito Eleitoral pela Pontifícia Universidade Católica de Minas Gerais (2017) e graduado em Direito pela Universidade Municipal de São Caetano do Sul (2009). Professor da Universidade Metodista de São

Bernardo do Campo. Membro da Academia Brasileira de Processo Civil.

AGRADECIMENTOS

As coisas são assim, tem um começo, um meio e um fim. Um nascimento, uma vida e uma morte. O fim de algo costuma ser o começo de outro, parafraseando o pai da química moderna, Antoine Lavoisier, nada se perde, tudo se soma, se modifica, se transforma. Assim também é a graduação do estudante.

Quanto a mim? O primeiro contato com o direito fez nascer o estudante apaixonado. Com ajuda dos professores dei os primeiros passos, aprendi a engatinhar, ficar em pé e caminhar. Os dentes de leite foram trocados por bases teóricas fortes, capazes de digerir assuntos que antes a cabeça não dava conta de entender.

Agradeço aos meus pais que sempre me apoiaram e me auxiliaram a arcar com os gastos advindos da graduação. Obrigado por sempre me acolherem em seus braços, me deram força quando precisei, foram duros quando amoleci, foram leves quando eu estava pesado. Amo vocês. Seu filho se forma em Direito, parabéns!

Agradeço aos professores que com brilho nos olhos, clareiam a mente dos alunos. Esta sim é a profissão mais nobre de todas. Bela Docência, apaixonante e infelizmente muitas vezes desvalorizada, mas muito querida por aqueles que reconhecem o seu valor. Eis aqui um candidato a compor a cadeira da docência, um aspirante em exercer a função de jardineiro do saber, semeando ideias na mente dos estudantes, regando a semente plantada com a experiência e um discurso apaixonado, cuidando para que brote o conhecimento da cabeça dos alunos.

Agradeço ao meu orientador o grande Mestre Wallace Couto Dias, professor jovem, mas com muito conhecimento para transmitir, seus discursos e conselhos me inspiraram, agradeço a confiança e a dedicação.

Agradeço à Professora Doutora Maria Garcia, pessoa que tenho profundo respeito e admiração, cuja minha graduação não estaria completa sem sua participação.

Isto, pois, seu senso de justiça, a sua luta pela educação, o seu discurso energético e apaixonado, dotado de um conhecimento impar, foi um dos motivos de despertar ainda mais a paixão que tenho por nossa nação, o amor que tenho pelo Direito, razão pela qual comprei a eterna briga em prol da educação cívica, a ânsia de ajudar de alguma forma na construção de uma sociedade mais justa, mais consciente, mais humanizada.

Agradeço à Professora Maria Cristina Teixeira, excelente profissional que muito me ensinou, principalmente quando aceitou a missão de ser minha orientadora em meu Projeto de Iniciação Ciêntífica denominado "Os

Atos Abusivos cometidos pelo Agente Público contra a criança e o adolescente que cumpre medida protetiva e/ou socioeducativa".

Agradeço aos amigos que comigo compartilharam momentos únicos que levarei para o resto da vida, momentos de cansaço e desespero em entregar todos os deveres no prazo, de comemoração com as notas satisfatórias. Amigos estes que compartilharam comigo momentos de sorriso, de risada, de seriedade, suor e de muito aprendizado.

Não posso deixar de agradecer a todos os membros da Academia de Direito do ABC, compostos por Doutores, Mestres, Advogados e Estudantes apaixonados que fizeram com que uma simples ideia e muita vontade se materializassem e tomasse este corpo coletivo, unidos em uma única voz em prol de um objetivo maior: fomentar a cultura jurídica.

Agradeço por último a todos que de alguma forma auxiliaram em minha formação, à Carolina, aos Doutrinadores, Filósofos, ao

Advogado Heráclito Fontoura Sobral Pinto, que apesar de nunca ter conhecido pessoalmente, sua história me serve de inspiração. Assim como ele, acredito na vitória final do bem.

SUMÁRIO

INTRODUÇÃO 19

CAPÍTULO I – Pela Justiça! 26

CAPÍTULO II - Dos Príncípios: O Direcionamento de um Objetivo 46

CAPÍTULO III – Do Conflito de Direitos 54

CAPÍTULO IV – A Dignidade da pessoa humana como um princípio fundamental da Constituição Brasileira 63

CAPÍTULO V – Dos Direitos Fundamentais norteados pelo princípio da Dignidade da pessoa humana 84

5.1 Do Direito à Vida 86

5.2 Do Direito à Liberdade 123

5.3 Do Direito à Saúde 133

CAPÍTULO VI – Do Direito à Morte 139

CAPÍTULO VII – Das formas de garantir o Direito à Morte 172

7.1 Da Morte Assistida 173

7.1.1 Da Eutanásia 175

7.1.2 Do Suicídio Assistido 189

7.2 Da Ortotanásia 198

CAPÍTULO VIII - Do Consentimento 216

8.1 Do Consentimento Voluntário 218

8.1.1   Diretivas Antecipadas de Vontade ...220

8.2   Do Consentimento não Voluntário..........226

CAPÍTULO IX - Do Quadro síntese dos mecanismos que efetivam a morte digna como um direito   232

CAPÍTULO X - Dos argumentos acerca do Direito à Morte ou das suas formas de garantia   235

CAPÍTULO XI - Da possíbilidade jurídica do Direito à Morte   250

11.1 Análise da possibilidade jurídica quanto às formas de garantia do Direito à Morte 254

11.1.1 Da viabilidade jurídica da eutanásia ..256

11.1.1.1 Da eutanásia ativa 257

11.1.1.2 Da eutanásia passiva 265

11.1.1.3 Da eutanásia de duplo efeito 268

11.1.2 Da viabilidade do suicídio assistido ..271

11.1.3 Da viabilidade da ortotanásia 273

CAPÍTULO XII - Do quadro síntese da análise da possibilidade jurídica das formas de garantir o Direito à Morte 275

CAPÍTULO XIII - Da efetivação do Direito à Morte pela via judicial 277

CONSIDERAÇÕES FINAIS 284

REFERÊNCIAS 289

INTRODUÇÃO

A valorização do direito positivo, legado jurídico romano-germânico que o Sistema Jurídico Brasileiro herdou, tem por objetivo principal prescrever condutas e organizar as relações do mundo fático, utilizando-se da norma materializada em forma de lei escrita que dispõe mecanismos autorizadores (direitos/excludentes), impeditivos (dever de não fazer), obrigacional (deveres), procedimental (instrumentalização dos atos), sancionadores (penalização por descumprimento do estabelecido).

Se o direito tem por fim analisar, sistematizar e prescrever condutas, a ética, por sua vez, é pautada por preceitos que visam o equilíbrio das vontades humanas e suas consequências, chegando a um consenso de agir corretamente, isto é, agir de forma a satisfazer a vontade humana de modo a evitar lesões a outros valores.

Tanto o direito quanto a ética são elementos da justiça, ou seja, intrínseco ao conceito de justiça. Isto porque enquanto a ética cumpre o papel de nortear o agir corretamente, o direito, por sua vez, tem o papel de organizar, reconhecer e exigir o cumprimento do que se tem por correto, ou o que foi acordado como correto. A finalidade da justiça, portanto, é efetivar, por meio do direito, *norma agendi* e *facultas agendi*, que vincula todos os sujeitos de um mesmo território, os obrigando a respeitar ao pacto social, a fim de praticar condutas estabelecidas como corretas/éticas, previamente reconhecidas pela pluralidade de indivíduos, objetivando a melhor convivência, equilíbrio e desenvolvimento social.

Os princípios, como o nome sugere, são os primeiros passos que direcionam o alcance de determinada finalidade. Com essa mesma lógica, se a finalidade a que se pretende alcançar é a justiça, princípios de justiça devem ser observados, um deles é o princípio da dignidade da pessoa humana. Princípio este que, não por coincidência, é um dos principais norteadores da Carta Magna Brasileira, disposto logo em seu artigo 1º, inciso III, servindo como base, portanto, a todo o Ordenamento Jurídico pátrio.

Diante disso que se acaba de expor, a primeira questão a ser observada é se as normas como estão dispostas hoje, ou então, se a cultura do país, permite a plena efetividade de tal princípio. Aparentemente, a sensação é que há alguma lacuna no Ordenamento Jurídico Brasileiro, vez que direitos e princípios que, *a priori*, possuem existência harmônica, quando aplicados no caso concreto, apresentam conflitos. Tais conflitos não deveriam ocorrer. Assim, entende-se que o problema não consiste na existência desses direitos, mas justamente a falta de um terceiro direito moderador.

É o caso de pessoas que desejam o abreviamento de suas vidas, motivadas por dor física ou psicológica, impedidas de exercer a autonomia de decisão sobre suas próprias vidas, diante o impedimento de terceiros que se recusam a atender às súplicas, pautados sob o argumento de que a vida é um direito absoluto, indisponível. O que se observa então é o aparente conflito entre dois direitos fundamentais: o direito à liberdade e o direito à vida.

A solução desses conflitos deve ser pautada no princípio da dignidade da pessoa humana, mas o que ocorre é que violar qualquer um desses direitos fundamentais seria o mesmo que violar o princípio que os fundamentam.

Com o objetivo de pacificar este conflito e garantir o atendimento ao princípio da dignidade da pessoa humana é que surge o direito à morte. O direito à morte vem justamente para garantir a dignidade quando a vida não possui condição alguma de se manter digna. Mas os questionamentos não podem parar por ai, os próximos quesitos a serem observados dizem respeito à forma que será exercido este direito; quem e quando pode ser invocado o direito à morte e; se de fato é possível a inserção de tal direito no rol dos direitos fundamentais constitucionais.

O objetivo central do presente estudo consiste exatamente na avaliação da possibilidade da inserção do direito à morte no Ordenamento Jurídico pátrio. Para tanto, outros objetivos específicos foram traçados: Conceituar o direito à morte e expor as suas possibilidades de garantia; analisar o direito à morte como uma forma de garantir a dignidade da pessoa humana.

A fim de que todos os objetivos propostos possam ser alcançados, o método de pesquisa escolhido consiste na análise doutrinária, filosófica e de produção cientifica multidisciplinar, bem como jurisprudência relacionada ao tema sob o prisma do ordenamento jurídico brasileiro comparando o com sistemas jurídicos de outros países.

Os primeiros capítulos ressaltam a importância da discussão do presente tema, o amplo conceito de justiça, a afirmação da importância do respeito aos princípios, a explicação conceitual do princípio da dignidade da pessoa humana, bem como a exposição dos direitos fundamentais constitucionais, elementos imprescindíveis que irão fundamentar todo o raciocínio da monografia, para se alcançar a conclusão.

Conseguindo assim, trazer elementos necessários para a compressão da dimensão do conceito do direito à morte, bem como as formas possíveis de garantia desse direito, trazendo argumentos favoráveis e desfavoráveis à sua aplicação, para que então, possa ser realizada a análise da possibilidade jurídica deste direito entre o rol dos direitos fundamentais constitucionais.

É século XXI, a Humanidade, durante muito tempo sofreu para que ao menos fossem criadas leis que protegessem a vida humana, a liberdade, a igualdade, e outros direitos fundamentais, partindo do reconhecimento da dignidade da pessoa humana. Dizer que essa conquista foi alcançada, não é o mesmo que dizer que a sociedade conseguiu que fossem respeitados esses direitos.

Essa é a luta diária que o bom profissional do direito se comprometeu quando escolheu atuar pela Justiça. Dizer que a sociedade conquistou esses direitos também não é o mesmo que afirmar que tais direitos estão organizados de forma harmônica, pois sabemos que em certos casos delicados, o direito à vida entra em conflito com outros direitos fundamentais, e então, como saber equilibrar a situação?

Reconhecer o direito de morrer dignamente é valorizar esse princípio, é respeitar a liberdade, é também uma forma de reconhecer mais amplamente o direito à vida, não como um direito que protege a qualquer custo o manter a vida, mas o manter a vida com o mínimo de dignidade. É com esse espírito de justiça, de reconhecimento à dignidade da pessoa humana e todos os direitos advindos desse princípio que essa monografia se fundamenta.

Espera-se que o presente estudo possa colocar o direito à morte em discussão, a fim de que tal instituto seja analisado como uma forma de dar maior eficácia à dignidade da pessoa humana e assim, proteger o interesse de diversas pessoas em situações delicadas de saúde física e mental, principalmente àquelas que acometidas por doenças graves irreversíveis causadoras de uma morte lenta e dolorosa, que estão dispostas a dispor da própria vida como um último ato de exercício de dignidade, pondo fim ao sofrimento.

CAPÍTULO I

PELA JUSTIÇA!

Expor sobre a temática do direito à morte como uma forma de proteger a dignidade da pessoa humana é motivada por um ardente desejo de manifestação de justiça que inflama do peito daquele que escreve e passa a ser registrado na presente monografia, em forma de ideias e estudo relacionado ao tema, cuja preocupação é destinada àqueles que, de alguma forma, são torturados na condição de viver uma vida indesejada, presos em uma situação irreversivelmente insuportável, que sem motivo algum, cumprem a pena de viver, condenados por uma sociedade ainda com pensamentos teimosos em conservar os mesmos erros, baseados em discursos distorcidos regados com o interesse em impor crenças particulares, desinteressados em respeitar a vontade alheia daquele que sofre por ter sua vida sem dignidade, onde, nesse sentido, a intervenção do Estado na liberdade de decisão da própria vida, é capaz de violar a personalidade e causar maiores e desnecessários sofrimentos àqueles que não possuem chances algumas de recuperação de sua saúde. Mas será que é possível de fato inserir o direito à morte no ordenamento jurídico pátrio? Nesse sentido, será que nossa legislação impede o reconhecimento deste instituto?

Sem embargos, antes de serem abordadas especificamente essas questões, se faz necessário construir bases sólidas de um discurso puramente científico, que apesar de inicialmente aparentar motivado por pura paixão e compaixão do Autor por seus semelhantes, em realidade possui inspiração imparcialmente cientifica. É o que se tentará demonstrar até o final do raciocínio.

O primeiro ponto a ser verificado é se há justiça em se legitimar o direito à morte, tarefa esta impossível sem entender o que é esse bem maior: a justiça. Ao observar a ideia de justiça aplicada em diversos momentos da história e em diferentes culturas, encontramos alguns sistemas do que seria justo.

A ideia de **justiça retributiva** teve seus primeiros registros na Pena de Talião, prevista no Código do Rei da Babilônia, Hamurabi, no Século XXIII a.C, onde surgiu a ideia de "olho por olho, dente por dente", dispondo o sujeito que cometesse um dano a outrem, teria que receber outro dano, na mesma proporção do causado. Tal ideia também pode ser encontrada no texto bíblico Êxodo 21:23-24: "Mas se alguém cometer dano grave, então darás vida por vida, olho por olho, dente por dente, mão por mão e pé por pé".

Posteriormente, surgiu a ideia de **justiça restaurativa**, que nada mais é que, um conjunto de atos que visam restaurar aquele causador de danos, com medidas disciplinares, visando não somente a compensação de danos, mas principalmente disciplinar o individuo para que futuramente não venha reincidir, ou seja, "é qualquer ação que objetive a reparação do dano causado pela infração como forma de se fazer justiça; em outras palavras, é uma forma de corrigir as conseqüências do crime com a finalidade de reconciliar as partes ligadas por ele" (SICA, 2007, p.11).

Para o grande filosofo grego Aristóteles, há duas formas de justiça, a **justiça particular,** movida pelo bem particular que, por sua vez, é dividida em **comutativa** ou **sinalagmatica** e **distributiva,** e a **justiça social**, movida pelo bem da coletividade.

A respeito da justiça comutativa ou sinalagmatica, advindas de uma relação entre particulares, leciona André Franco Montoro:

> A justiça comutativa tem sido modernamente a mais desconhecida e a mais injuriada das justiças. É comum entre os juristas identifica-la com o campo dos contratos, talvez devido à sua denominação. [...] A justiça comutativa, como princípio diretor das relações entre particulares, tem amplo campo de aplicação que não se restringe ao dos contratos. Não se confunde com a aceitação passivadas convenções, aparentemente livres. E impõe deveres que vão, desde o respeito à vida, à personalidade e à dignidade de cada homem, até à exigência de preços equitativos no comércio internacional. [...] podemos definir justiça comutativa como a virtude pela qual: - um particular dá a outro particular, - aquilo que lhe é rigorosamente devido, - observada uma igualdade simples

ou real. [...] (MONTORO, 1980, pp. 191 e 192).

A Justiça Distributiva, pode ser encontrada naquela famosa expressão de justiça lançada por Aristóteles "dar a cada um o que lhe é de direito", exprimindo uma ideia de justiça que busca a igualdade e diante da reciprocidade, é reconhecida a dignidade. Em outras palavras:

> [...] cabe à justiça distribuitiva, regular a aplicação dos recursos da cometividade às diversas regiões ou setores da vida social, disciplinar a fixação dos impostos e sua progressividade, o voto plural nas sociedades anônimas, a participação dos empregados nos lucros, na gestão ou na propriedade da empresa, a aplicação do salário família, etc. [...] justiça distribuitiva é a virtude pela qual – a comunidade dá a cada um de seus membros, - uma participação no bem comum, - observada uma igualdade proporcional ou relativa (MONTORO, 1980, p. 225 e 226).

Por sua vez, na justiça social, a pluralidade de pessoas (devedoras), visa o bem da sociedade (credora). Assim, justiça social pode ser conceituada como virtude pela qual "-os membros da sociedade dão a esta, - sua contribuição para o bem comum, - observada uma igualdade fundamentalmente proporcional." (MONTORO, 1980, p.284), tendo como claro exemplo de justiça social o recolhimento de impostos para o Estado.

Hoje o que se vê é aplicação de diferentes sistemas de justiça em um mesmo corpo de Leis. Seja lá como for todos os sistemas de justiça se aproximam em seu objetivo, qual seja, decidir da forma mais certa possível, buscando a proteção e harmonia das liberdades individuais e outras questões do mundo fático.

Mas como distinguir o certo do errado? De fato, trata-se de conceitos que abrem margem para uma série de interpretações. Isto ocorre, pois, cada individuo se identifica com alguma comunidade ideológica diferente, seguem crenças diferentes, enxergam a vida de forma diferente, e priorizam valores diferentes.

Assim, é possível concluir que o ser humano tem como o que é certo e errado, com base em suas experiências, na cultura em que esta submetida, na educação que teve. Mas não só isso, há algo que aproxima todo ser humano, quando se trata da fonte de distinção do certo e o errado, esse algo é o que se chama de **instinto**.

Todos os seres humanos, assim como os animais, possuem instintos de sobrevivência e, por conta destes instintos, o homem intui o que é melhor para ele, consequentemente o que é certo a se fazer é escolhido instintivamente. Assim, na tentativa de reconhecer direitos para si próprio, o homem enxerga o direito do outro, nasce então o reconhecimento da dignidade. Nessa linha leciona Montoro "A justiça consiste essencialmente no reconhecimento prático que o homem faz da dignidade e dos demais homens" (MONTORO, 1980, p. 166).

Se justiça é o sentimento de busca pelo caminho mais correto das relações humanas, há que tecer o conceito de ética. Para Renata da Rocha, a ética "Revela-se, uma última instância, um saber de ordem prática, interior, consciente, que inspira e orienta o agir humano" (ROCHA, ORG. SCALQUETTE, 2015, p. 33).

Ora, se ética é a busca do agir mais correto, então do que a ética se diferencia da justiça? O autor da presente monografia arrisca em afirmar que a ética faz parte do conceito de justiça e não tem como falar em um sem falar no outro. Nesse sentido, Renata Rocha continua explicando:

> Tanto a Ética como o Direito têm como função estabelecer normas de conduta. A diferença básica entre uma e outro consiste no fato de que as normas de conduta estabelecidas pelo Direito, ao contrário da Ética, têm a condição de obrigar e, quando desrespeitada, de responsabilizar aqueles que as inobservaram (ROCHA, ORG. SCALQUETTE, 2015, p. 35).

Assim, se entende que intrínseco ao conceito de justiça, encontra-se a ética, que por sua vez, cumpre o papel de dar a ideia do como agir corretamente, enquanto o direito tem o papel de exigir o cumprimento do que se tem por correto, *iuris praecepta sunt haec: honeste vivere, alterum non laedere, suum cuique tribuere*, isto é, os mandamentos do direito são: viver honestamente, não lesar a ninguém e dar a cada sujeito, o que lhe compete (MARKY, 1995, p.13), criando mecanismos autorizadores (direitos/excludentes), impeditivos (dever de não fazer), sancionadores (penalização por descumprimento do estabelecido), obrigacional (deveres), procedimental (instrumentalização dos atos).

Entre as várias classificações do direito, pode-se distinguir o direito por dois sentidos técnicos. O primeiro se dá pelo conceito do direito objetivo, *norma agendi,* como um complexo de normas jurídicas que de forma hipotética e abstrata regula o comportamento humano, obrigando de forma coercitiva que o Estado tem de fazer respeitar, aplicando àquele que descumprir o acordado, sanções. O segundo sentido do direito é chamado de direito subjetivo, *facultas agendi,* caracterizado pelo poder, atribuído por Lei a determinado sujeito, de exigir um comportamento alheio, caso queira. (MARKY, 1995, p.13)

Segundo a doutrina aristotélica-tomista, há que ter presentes três pressupostos de existência da justiça, quais sejam: *Alteritas* (pluralidade), *debitum* (devido ou exigibilidade), *aequalitas* (igualdade). Contudo, entende-se que além dos elementos "pluralidade", "devido", aqui chamado de "respeito", e "igualdade", há também outro requisito fundamental que é o "equilíbrio".

A respeito da **pluralidade**, assim lecionou Aristóteles ao seu filho Nicômaco "[...] a justiça, entre todas as virtudes, é o 'bem de um outro', visto que se relaciona com o nosso próximo, fazendo o que é vantajoso a um outro, seja um governante, seja um associado. [...]" (ARISTÓTELES, 1991, p.99). Com isso, possível notar que justiça é um fenômeno social, uma vez que possui pressuposto indispensável de existência a pluralidade de indivíduos, isto é, há que existir dois ou mais indivíduos cujas vidas de alguma forma se relacionam de maneira a afetar a vida do outro, uma vez que é impossível uma única pessoa querer o bem de outra se este segundo agente não existe.

Com relação ao segundo elemento de existência, chamado de "devido" na doutrina aristotélica-tomista, corresponde à ideia de exigir o dever de respeito, por isso, a fim de tornar mais fácil a compreensão, chamar-se-á esse elemento simplesmente de **respeito**. O respeito tem de ser um ato praticado tanto daquele que respeita quanto daquele que exige respeito ao acordado como certo. O respeito deve ser não somente às regras estabelecidas e costumes locais, mas principalmente aos outros elementos de existência de justiça.

A **igualdade** como elemento essencial de justiça esta presente na afirmação de São Tomás de Aquino "jutistiae consist in hoc quod alteri reddatur quod ei debetur secundum aequaltatatem" ou seja, "justiça consiste em dar a cada um o que lhe é devido, segundo uma certa igualdade" (AQUINO, 2005, p. 272).

A respeito disso, importante apontar a diferenciação de significados entre "identidade", "semelhança" e "igualdade". Segundo Montoro:

- Duas coisas são idênticas quando possuem a mesma essência. Ex. Dois aparelhos celulares do mesmo modelo, marca e configuração.

- Duas coisas são semelhantes quando possuem as mesmas qualidades. Ex. Duas camisas com o mesmo tipo de corte, mas com estampas diferentes.

- Duas coisas são iguais quando possuem a mesma quantidade. Ex. um quilo de limão à R$ 5,00 (cinco reais) é igual dizer dez quilos de limão à R$ 50,00 (cinquenta reais). (MONTORO, 1980, p. 171)

Aristóteles fez distinção de dois tipos de igualdade: a "aritmética", também chamada de "simples" ou "absoluta", da qual busca equivalência entre duas coisas, isto é, dar quantia equivalente ao valor real da coisa, e a igualdade "geométrica", também chamada de "proporcional" ou "relativa", onde se busca a divisão proporcional ao quanto contribuído. Ex. Quem mais pagou, deve receber a maior parte de um bolo. (ARISTÓTELES, 1991, pp.103 e 104)

Insta salientar que ninguém é idêntico ao outro, no máximo semelhante em traços ou personalidade, mas perante a justiça, todos são iguais, merecendo ter direito e deveres na proporção e equivalentemente à sua necessidade, a fim de que todos tenham as mesmas oportunidades.

Por último, para se alcançar a justiça, há que existir **equilíbrio entre os valores que a sociedade tem como importantes**, uma vez que quando um valor é levado ao extremo, a justiça é afastada. Um exemplo disso ocorre quando uma sociedade valoriza desequilibradamente o princípio da liberdade, a consequência disso é uma anarquia sem controle, da mesma forma, uma sociedade que valoriza desequilibradamente a vida a todo custo, assiste a triste realidade de pessoas que clamam pela liberdade de descansar o corpo sofrido e sem esperança de melhora médica, tendo a dignidade violada, desamparada e torturada pelo sistema.

Assim, pode-se concluir que os indivíduos (pluralidade), devem respeitar (respeito) a vontade individual de cada pessoa (igualdade), em decidir por manter a sua própria vida, uma vez que tal situação não causa prejuízo a outrem ou à sociedade (equilíbrio).

Por oportuno, vale dizer que o tido como certo é registrado e agrupado em algo que chamamos de Lei, de alcance, publicidade e vinculação a todos. O Ordenamento jurídico Brasileiro herdou o sistema romano-germânico (Civil Law), onde as leis são a base da fundamentação das decisões judiciais, diferente do sistema jurídico de origem anglo-saxônica (Common Law), onde o direito é regido pelas decisões do poder judiciário, que por sua vez, deve respeito ao que costumeiramente foi aplicado em caso semelhante, de forma análoga.

Seja lá qual for o sistema jurídico que rege o local, em ambos os casos, a Lei é um reflexo do que se entende por justo, seu objetivo, portanto, é regularizar e criar o dever de respeito.

A grande questão é: Será que toda Lei aprovada respeita os requisitos de existência da justiça? Será que o legislador possui conhecimento e virtudes necessárias para fazer aprovar leis justas? Continuando o questionamento: Será que a omissão de permissividade do direito à morte digna é o mais correto?

Em respeito a todos os elementos da justiça aqui expostos, pretende-se expor elementos suficientes sobre o Direito à morte, a fim de que possa ser analisada a possibilidade jurídica desse direito, e a viabilidade desse direito trazer maior respeito à personalidade, à dignidade e à própria vida. Pela sociedade! Pela dignidade! **Pela justiça!**

CAPÍTULO II
DOS PRÍNCÍPIOS: O DIRECIONAMENTO DE UM OBJETIVO

O respeito aos princípios sem dúvida é de extrema importância para se atingir ao que a sociedade entende por Justiça. Levado pela percepção do mundo e do que é verdadeiro segundo a sua perspectiva, o homem em seu mundo de ideias estabelece o conceito de finitude e este conceito é caracterizado por um início, um meio e um fim, assim como ocorre com a vida humana, esta é marcada por um nascimento, vivência e depois a morte. Nesse aspecto, é possível dizer que a vida atinge o seu objetivo com a morte, afinal, a partir do nascimento, a vivência humana caminha, queira ou não, aceite ou não, para nada menos do que a morte, a única certeza humana.

Se justiça é um objetivo necessário quando há uma pluralidade de pessoas, da mesma forma que para morrer é necessário nascer, então para que a justiça seja alcançada se faz necessário o respeito a alguns princípios, isto, pois, "Os princípios são as bases, as ideias iniciais que garantem a integridade na aplicação de determinado fim." (MARQUES, 2015, p.110), os degraus de uma escada que leva ao andar da justiça. Nessa mesma lógica, para se alcançar a justiça, se faz necessário o agir direcionado a este objetivo, e só é possível saber se este agir esta na direção certa se observado os princípios.

Conforme os conceitos trazidos pelo dicionário digital Michaelis, "princípio" é o:

> 1 Momento em que uma coisa, ação, processo etc. passa a existir; começo, exórdio, início [...]
> 2 Causa primeira de alguma coisa a qual contém e faz compreender suas propriedades essenciais ou características; razão.
> 3 Em uma área de conhecimento, conjunto de proposições fundamentais e diretivas que servem de base e das quais todo desenvolvimento posterior deve ser subordinado. [...] (MICHAELIS, 2017)

Importante destacar que os princípios não servem somente para direcionar o agir mas, também, interpretar, aplicar, legislar. Tais princípios não são definidos pensando em uma situação especifica, mas destinados para todas as situações da vida onde se busca uma finalidade. A esse respeito leciona o jus filósofo doutrinador Miguel Reale:

> [...] princípios são enunciações normativas de valor genérico, que condicionam e orientam a compreensão do ordenamento jurídico, a aplicação e integração ou mesmo para a elaboração de novas normas. São verdades fudantes de um sistema de conhecimento, como tais admitidas, por serem evidentes ou por terem sido comprovadas, mas também por motivos de ordem prática de caráter operacional, isto é, como pressupostos exigidos pelas necessidades da pesquisa e da práxis. (REALE, 2014, p.304).

Com isso, tendo em vista a importância do respeito aos princípios, entende-se que muito mais grave é a violação deles do que a violação de uma Lei, visto que o desrespeito causa o desvio da finalidade buscada pela sociedade. Nesse sentido leciona Celso Antônio Bandeira de Mello:

> Violar um princípio é muito mais grave que transgredir uma norma qualquer. A desatenção ao princípio implica ofensa não apenas a um específico mandamento obrigatório, mas a todo o sistema de comandos. É a mais grave forma de ilegalidade ou inconstitucionalidade, conforme o escalão do princípio atingido, porque representa insurgência contra todo o sistema, subversão de valores fundamentais, contumélia irremissível a seu arcabouço lógico e corrosão de sua estrutura mestra (MELLO, 2003, p. 818).

Aliás, insta salientar que, alguns destes princípios, são tão valorizados pelo legislador, que este entende por positiva-los criando direitos e deveres. Toma-se como exemplo o princípio da isonomia, disposto no *caput* do artigo 5º da Constituição, ou mesmo o princípio da legalidade, previsto no inciso II do mesmo artigo.

Nesse momento, importante dizer que para a execução destes direitos e deveres criados na positivação dos princípios, a Lei dispõe de garantias, isto é, instrumentos que fazem valer o cumprimento do direito e o dever de respeita-lo, seja pelo Estado ou pela sociedade. A fim de exemplificar, destaca-se o direito à liberdade de locomoção prevista no inciso XV do Artigo 5º da Constituição, em que tem como base o princípio da dignidade da pessoa humana, onde uma das formas de garantir tal direito é a previsão do remédio Constitucional chamado *habeas corpus,* ou meios de dar acessibilidade à deficientes físicos transitarem em locais e estabelecimentos públicos.

Em outras palavras "[...] os direitos são principais, as garantias acessórias [...]" (MIRANDA, 2009, p. 92).

É claro que os princípios não estão somente positivados explicitamente, há ainda os princípios implícitos, a exemplo o princípio do duplo grau de jurisdição, que apesar de não possuir um corpo legal, é respeitado segundo os costumes e formas positivadas de sua garantia, previstas tanto na Constituição (Recurso Extraordinário e Recurso Especial), como nas Leis infraconstitucionais. A esse respeito explica Miguel Reale:

> [...] os princípios se inscrevem em nosso ordenamento jurídico através do processo legislativo, mas também com frequência, através da atividade jurisdicional e na formação dos precedentes judiciais, bem como através dos usos e costumes e da prática dos atos negociais. [...] (REALE, 2014, p.306).

Os princípios podem ter alcance amplo em mais de uma forma de saber como também podem ser aplicados em vários campos ou mesmo em um determinado seguimento. Explica Miguel Reale, que há três categorias de princípios, são elas:

> a) princípios omnivalentes, quando são válidos para todas as formas de saber, como é o caso dos princípios de identidade e de razão suficiente;
> b) princípios plurivalentes, quando aplicáveis a vários campos de conhecimento, como se dá com o princípio de causalidade, essencial as ciências naturais, mas não extensivo a todos os campos do conhecimento;
> c) princípios monovalentes, que só valem no âmbito de determinada ciência, como é o caso dos princípios gerais de direito (REALE, 2014, pp.303 e 304).

Assim, resta patente que para se alcançar a Justiça, é necessário o respeito aos princípios, uma vez que são estes que irão direcionar o agir, o interpretar, o aplicar e o legislar.

CAPÍTULO III
DO CONFLITO DE DIREITOS

A aplicação e interpretação (hermenêutica) do direito nem sempre é simples, mansa e pacífica, principalmente em uma situação onde há conflitos de direitos, sobretudo conflito de direitos fundamentais, onde no momento em que se garante um direito, viola-se outro. Quando isso ocorre e há provocação do judiciário, este deve dizer o direito e resolver o conflito, não há como ele se escusar de uma resposta, terá que decidir o caso interpretando a Lei e aplicando o direito que traga o melhor resultado possível. Com isso, resta claro que nenhum direito fundamental é absoluto, podendo ser preservado um direito em determinado caso e, em outro caso diferente, o resultado seja inverso.

A dificuldade do magistrado esta no fato de que não há hierarquia entre direitos fundamentais, logo, não resta alternativa para o julgador que analisar cada particularidade do caso concreto, e então ter motivada a sua decisão em observância a princípios específicos de interpretação.

Conforme exposto no tópico anterior, os princípios, de uma forma geral, são destinados para direcionar o agir, o interpretar, o aplicar e o legislar, mas há que se destacar a existência de princípios destinados para cada um desses direcionamentos de forma isolada.

Com relação à aplicação da Lei, o magistrado decidirá de acordo com o disposto nos artigos 4º e 5º da Lei nº 4.667/42 (Lei de Introdução às Normas do Direito Brasileiro):

> Art. 4º Quando a lei for omissa, o juiz decidirá o caso de acordo com a analogia, os costumes e os princípios gerais do direito.
> Art. 5º Na aplicação da lei, o juiz atenderá aos fins sociais a que ela se dirige e às exigências do bem comum.

No tocante ao conflito entre direitos, Miguel Reale explica a respeito da importância da aplicação de processos interpretativos:

> [...] É o problema da 'resistência às leis injustas', ou da não obediência ao que é 'legal', mas não é 'justo'. Na prática, a questão se resolve, ou se ameniza, através de processos interpretativos, graças aos quais a regra jurídica 'injusta' vai perdendo as suas arestas agressivas, por sua correlação

com as demais normas, no sentido global do ordenamento (REALE, 2014, p.226).

O magistrado, portanto, além de saber como aplicar a Lei, deve saber interpretar a situação, socorrendo-se aos princípios de interpretação constitucional, dos quais podem e devem ser aplicados de forma fungível também à interpretação das Leis infraconstitucionais.

Conforme leciona José Joaquim Gomes Canotilho, os princípios de interpretação constitucional são: o princípio da unidade da Constituição, do efeito integrador, o princípio da máxima efetividade, princípio da justeza, princípio da harmonização e princípio da força normativa da Constituição. (CANOTILHO, 2017, p. 1.223 – 1.226).

O **princípio da unidade da constituição** consiste na ideia de todos os dispositivos Constitucionais fazem parte de um mesmo sistema de regras e princípios e que, portanto, devem ser interpretados de forma que não haja contradição entre si e os princípios que lhes regem. Na letra seca da Lei, quando não aplicada em um caso concreto, os dispositivos, de fato não possuem contradição, contudo, em determinados casos, aplicar um dispositivo pode violar outro, assim, utilizando-se do Princípio da Unidade da Constituição, o interprete deve entender que os dispositivos Constitucionais não possuem hierarquia entre si, mesmo se tratando de cláusula pétrea comparada aos demais artigos. Além disso, tal princípio não permite que seja considerada a inconstitucionalidade de um dispositivo constitucional em detrimento de outro.

O **princípio do efeito integrador** complementando o Princípio da Unidade da Constituição, direcionam a interpretação dos dispositivos de forma a priorizar a integração política, social e o reforço da unidade política.

O **princípio da máxima efetividade**, também chamado de Princípio da Eficiência, ou Interpretação Efetiva, estabelece que o magistrado deva interpretar o dispositivo legal de maneira a atribuir-lhe maior efetividade dos efeitos do dispositivo no mundo dos fatos, isto é, na dúvida, deve ser aplicado o dispositivo que maior garantir efetividade ao caso concreto.

Rogério Teixeira Souza assevera que:

> O princípio da máxima efetividade, na interpretação das normas constitucionais, deve-se atribuir-lhes sentido que lhe empreste maior eficácia, abandonando os métodos tradicionais, revelando uma transformação da própria percepção do papel do direito constitucional. Afastando-se dos domínios da ciência política, aproximando do direito processual, buscando mecanismos de tutela e garantia dos direitos constitucionais; tudo isso, para direcionar a efetividade. (SOUZA, 2017).

Utilizando-se do **princípio da justeza**, o magistrado não pode interpetrar os dispositivos constitucionais de maneira que resulte na perturbação do esquema organizatório-funcional estabelecido pelo legislador. Vicente Paulo e Marcelo Alexandrino, a respeito do princípio da justeza, concluem:

> Assim, a aplicação das normas constitucionais proposta pelo intérprete não pode implicar alteração na estrutura de repartição de poderes e exercício das competências constitucionais estabelecidas pelo poder constituinte originário. (PAULO, 2009, p. 71).

O **princípio da harmonização** serve para que o magistrado interprete a norma jurídica de forma a não desconsiderar totalmente uma norma em detrimento de outra, mas buscar o equilíbrio na aplicabilidade da melhor solução para o caso concreto, buscando a harmonização dos dispositivos conflitantes.

Por último, o julgador, ao interpretar a norma jurídica, deve observar o **princípio da força normativa da Constituição**, em que deve ser buscadas soluções que "possibilitem a atualização normativa, a eficácia e a permanência da Constituição" (PAULO, 2009, p. 72), ou seja, o dispositivo Constitucional pode e deve ser aplicado no caso concreto, uma vez que a Constituição tem força normativa, onde o judiciário deve conferir a máxima aplicabilidade ao texto constitucional.

Seguem os doutrinadores Vicente Paulo e Marcelo Alexandrino explicando a respeito da **interpretação das Leis infraconstitucionais conforme a Constituição** como outro princípio a ser seguido a fim de direcionar a interpretação do dispositivo legal, em que nos casos de dispositivos que possam ser interpretados de mais de uma forma, o magistrado deve dar preferência para a interpretação que compatibilize com o conteúdo da Constituição, isto é, que não seja contrária ao texto Constitucional.

Vale destacar que além destes princípios interpretativos, devem ainda ser utilizados outros princípios gerais do Direito tais como o princípio da proporcionalidade e razoabilidade, bem como os princípios fundamentais dispostos no título I (Artigos 1º ao 4º) da Constituição como, por exemplo, o princípio da dignidade humana.

Assim, buscando proferir a melhor decisão para o caso em concreto, o magistrado deve utilizar destes princípios hermenêuticos na análise dos dispositivos conflitantes, a fim de dar melhor fundamentação em sua motivação e conseguir com isso uma resolução justa.

CAPÍTULO IV
A DIGNIDADE DA PESSOA HUMANA COMO UM PRINCÍPIO FUNDAMENTAL DA CONSTITUIÇÃO BRASILEIRA

Uma vez que, conforme já exposto no primeiro tópico denominado "pela justiça!" desta monografia, o sistema de Direito herdado pelo

Brasil é o sistema romano-germanico, em que as Leis não são norteadas pelo direito consuetudinário, isto é, primariamente nos costumes, mas sim positivadas por um legislador, que norteados por princípios de justiça, possui o papel de sancionar procedimentos, deveres, direitos, e formas de garantias desses direitos por meio de Leis escritas que visam o que os legisladores entendem por ser de interesse da população, buscando melhores condições de avanços.

Dos dispositivos legais sancionados, há uma hierarquia entre eles que deve ser respeitada, onde a Constituição da República Federativa do Brasil ocupa o grau máximo de respeito, sendo que todas as demais leis infraconstitucionais devem subordinação a esta, dai surgiu o princípio da supremacia da Constituição. Nesse sentido ensina o jus filósofo austríaco Hans Kelsen em sua clássica obra Teoria Pura do Direito:

> [...] Tratando-se de uma Constituição que é historicamente a primeira, tal só e possível se pressupusermos que os indivíduos se devem conduzir de acordo com o sentido subjetivo deste ato, que devem ser executados atos de coerção sob os pressupostos fixados e pela forma estabelecida nas normas que caracterizamos como Constituição, quer dizer, desde que pressuponhamos uma norma por força da qual o ato a interpretar como ato constituinte seja de considerar como um ato criador de normas objetivamente válidas e os indivíduos que põem este ato como autoridade constitucional. Esta norma é - como mais tarde se verá melhor - a norma fundamental de uma ordem jurídica estadual. [...] (KELSEN, 1999, p.32)

Assim, o Poder Constituinte Originário, ao elaborar o Texto Constitucional, dedicou os quatro primeiros artigos aos "Princípios Fundamentais" do Estado Brasileiro, onde consta o nome do país (República Federativa do Brasil), a forma de Estado (federação), forma de governo (democrático), os fundamentos da Constituição, a separação dos poderes (Legislativo, Executivo, Judiciário), constitui os objetivos fundamentais da Republica e estabelece princípios que norteiam as relações internacionais do país.

Esses quatro artigos são de extrema importância, uma vez que além de ser um Texto Constitucional fazendo com que todas as demais leis sejam subordinadas a eles, servem também de fundamento para todo o texto constitucional. A respeito dos princípios fundamentais, conceitua Rodrigo César Rebello Pinho:

> Princípios fundamentais são as normas jurídicas informadoras do ordenamento constitucional brasileiro. Sobre essas diretrizes básicas foi elaborada a

> Constituição brasileira. Contêm os mais importantes valores que influenciaram a elaboração da Constituição da República Federativa do Brasil. Os princípios são dotados de normatividade, ou seja, possuem efeito vinculante, constituem normas jurídicas efetivas. Existe uma tendência moderna no direito constitucional denominada pós-positivismo, em que há valorização jurídica e política dos princípios constitucionais. (PINHO, 2011, p.84).

Logo no Artigo 1º da Constituição, a Constituinte estabeleceu cinco fundamentos da Constituição, que devem ser concebidos como os valores máximos de orientação à ordem jurídica e social do Estado brasileiro. Os princípios são: a soberania, a cidadania, **a dignidade da pessoa humana**, os valores sociais do trabalho e livre iniciativa, o pluralismo político.

Nas palavras de Vicente Paulo e Marcelo Alexandrino:

> A **dignidade da pessoa humana** como fundamento da República Federativa do Brasil consagra, desde logo, nosso Estado como uma organização centrada no ser humano, e não em qualquer outro referencial. A razão de ser do Estado brasileiro não se funda na propriedade, em classes, em corporações, em organizações religiosas, tampouco no próprio Estado (como ocorre nos regimes totalitários), mas sim na pessoa humana. (PAULO, 2009, p. 86).

A dignidade da pessoa humana é um principio de elementar importância para o Estado de Direito, uma vez que é sempre com respeito a este princípio que as atividades, bem como atos serão considerados lícitos por nosso ordenamento jurídico, fazendo com que este principio se torne pressuposto para a democracia. Nesse ponto, o excelso advogado,

Ives Gandra da Silva Martins, afirma "Eu diria que todo direito é voltado para a dignidade da pessoa humana." (MARTINS, 2005, p.19).

A dignidade da pessoa humana é o principio que eleva o ser humano ao centro da proteção jurídica, ou então, nas palavras de Maria Helena Diniz, a dignidade da pessoa humana "é o cerne de todo o ordenamento jurídico" (DINIZ, 2007, p.16), sendo reconhecida a todos os indivíduos humanos, indistintamente, uma vez que a dignidade é um elemento intrínseco ao ser humano, todo humano é digno e deve ter sua dignidade reconhecida e respeitada, é esse reconhecimento que diferencia o tratamento de um ser humano em face de uma coisa mesmo que de grande valor econômico, sendo vedada a "coisificação" do ser humano, como ocorria legalmente até o século XIX no Brasil com a escravização. É princípio que protege o individuo de atos abusivos do Estado e da sociedade. Conforme Hannah

Arendt, "por meio do nascimento vem ao mundo alguém – e não uma coisa – alguém único e singular capaz deo discurso e da ação" (ARENDT, 1983, p.15). Mas o que vem a ser então dignidade?

Para conceituar a dignidade o filósofo alemão Immanuel Kant contribuiu significamente quando afirmou que:

> No reino dos fins tudo tem ou um preço ou uma dignidade. Quando uma coisa tem um preço, pode-se pôr em vez dela qualquer outra como equivalente; mas quando uma coisa está acima de todo o preço e, portanto, não permite equivalente, então tem ela dignidade. (KANT, 2007, p.77)

Conforme será exposto, apesar de ser possível ter uma noção conceitual de dignidade, importante esclarecer que tal conceito está em constante construção, uma vez que é atualizado de acordo com a evolução racional da sociedade, segue, portanto, a sensibilidade e valorização social que reconheça mais elementos constitutivos da dignidade, isto é, maior abrangência de proteção a fim de garantir a dignidade reconhecida.

Recordando o que foi exposto no tópico denominado "Pela justiça!", retomam-se os elementos estruturais de existência da justiça, quais sejam, a **pluralidade, respeito, igualdade e equilíbrio**. Assim, com base nesses elementos, pode-se afirmar que a dignidade surge da própria existência da justiça, é o princípio diretamente ligado à justiça, uma vez que sua estrutura existencial é de muita similaridade com a estrutura do que é justo, do que é correto com relação ao tratamento ao ser humano, isto, pois, a dignidade nasce com a **pluralidade** de pessoas, que por reconhecer a semelhança no próximo, entende que é **igual**, uma vez que compartilham das mesmas paixões, dores e sentimentos, portanto, a fim de preservar-se, o homem passa a reconhecer a dignidade alheia, logo, **respeita** os direitos do homem (lato sensu), devendo buscar **equilíbrio** nos valores que efetivam a prática da dignidade.

Assim, a dignidade humana surge a partir do momento que o homem, com a intenção de se proteger das dores, reconheceu dignidade a todos os indivíduos que este entendeu ser igual, ou seja, capaz de sentir as mesmas paixões, dores, angustias e alegrias. A dignidade é um princípio de sobrevivência, uma vez que não querendo sofrer o ser humano reconhece a dignidade alheia, objetivando que a sua dignidade seja reconhecida. Nesse sentido, Friedrich Nietzsche argumentou:

> Toda honestidade e todo o direito procedem pelo contrário de um equilíbrio de egoísmos: reconhecimento recíproco de não se comportar erradamente. Logo, procede da prudência. Sob a forma de firmes princípios isso toma outro ar: a firmeza de

> caráter. Contrastes do amor e do direito: ponto culminante, sacrifício para o mundo. A antecipação das possíveis sensações de desprazer determina a ação do homem honesto: ele conhece empiricamente as consequências da ofensa feita ao próximo, mas também aquelas da ofensa feita contra si próprio. (NIETZSCHE, 2013, p.55).

A respeito da ideia de igualdade entre os indivíduos humanos, Fábio Konder Comparato explica que:

> Foi durante o período axial da história, como se acaba de assinalar, que despontou a ideia de uma igualdade essencial entre todos os homens. Mas foram necessários vinte e cinco séculos para que a primeira organização internacional a englobar a quase totalidade dos povos da Terra proclamasse, na abertura de uma Declaração Universal de Direitos Humanos, que 'todos os homens

nascem livres e iguais em dignidade e direito'. (COMPARATO, 2007, p. 24).

O reconhecimento da dignidade Humana não parte apenas da ideia de igualdade, mas também de respeito ao próximo. No dicionário Michaelis online, a palavra "dignidade" é definida como "modo de proceder que transmite **respeito**, autoridade, honra, nobreza." (MICHAELIS, 2017) (g.n.).

Uma vez reconhecendo a igualdade na qualidade de ser humano, um ser capaz de sentimentos, dores, alegrias e tristezas, desrespeitar a dignidade alheia é o mesmo que agir de forma injusta. Portanto, a dignidade da pessoa humana tem tamanha importância no ordenamento jurídico. Com essa lógica Kant afirmou:

> A própria legislação porém, que determina todo o valor, tem que ter exactamente por isso uma dignidade, quer dizer um valor

> incondicional, incomparável, cuja avaliação, que qualquer ser racional sobre ele faça, só a palavra respeito pode exprimir convenientemente. [...] A nossa própria vontade, na medida em que agisse só sob a condição de uma legislação // universal possível pelas suas máximas, esta vontade que nos é possível na ideia, é o objecto próprio do respeito, e a dignidade da humanidade consiste precisamente nesta capacidade de ser legislador universal, se bem que com a condição de estar ao mesmo tempo submetido a essa mesma legislação. (KANT, 2007, p.79-85).

A dignidade da pessoa humana, mesmo que de forma tímida, sempre esteve presente na história e evoluiu de acordo com o pensamento da sociedade, aflorou, sobretudo, no movimento iluminista, quando a sociedade priorizou o ser humano em suas Leis. Tomamos por exemplo o Artigo 148 do Código do Rei sumério Hamurábi que viveu entre 1792-1750 ou 1730-1685 a.C., onde, de forma a proteger as esposas doentes que existiam na Suméria, reconhecendo-lhe dignidade, dispôs:

> 148. Se um homem tomar uma esposa, e ela adoecer, se ele então desejar tomar uma Segunda esposa, ele não deverá abandonar sua primeira esposa que foi atacada por uma doença, devendo mantê-la em casa e sustentá-la na casa que construiu para ela enquanto esta mulher viver.[1]

Porém, em dado momento da história, a sociedade começou a pensar muito mais no ser humano como objeto principal do Direito. Por consequência, direitos e deveres fundamentais, que visam proteger o indivíduo humano contra todo e qualquer ato desumano, foram surgindo, estabelecendo condições mínimas existenciais.

---

[1]**CÓDIGO de Hamurábi**, disponível na internet via <http://www.historia.seed.pr.gov.br/arquivos/File/fontes%20hist oricas/codigo_hamurabi.pdf>.Acesso em 06. Set. 2017.

Com isso, norteados pelo reconhecimento da dignidade da pessoa humana, mais e mais direitos fundamentais (previstos nas Constituições) ou direitos humanos (positivados em tratados eu em costumes internacionais a partir de 1945, após o fim da Segunda Guerra Mundial) (MAZZUOLI, 2007, p.672), destinados à proteção do ser humano começam a ganhar espaço nas legislações.

Conforme ensinam Vicente Paulo e Marcelo Alexandrino, alguns autores afirmam que o marco inicial dos direitos fundamentais se deu com a famosa *Magna Charta Libertatum* inglesa, promulgada em 1215 pelo Rei João sem Terra, que por meio da Carta colocou a Lei acima do Rei, sendo que este, bem como os monarcas, deveriam respeitar seus dispositivos, que limitavam seu poder. (PAULO e ALEXANDRINO, 2009, p. 89).

Porém, o entendimento pacífico da Doutrina é no sentido de que os direitos fundamentais teriam sua evolução ao que se chama "gerações ou dimensões dos direitos fundamentais", divididos em quatro momentos, influenciados por condições históricos que a sociedade vivenciou. O lusitano doutrinador J.J. Gomes Canotilho (CANOTILHO, 2017, p. 380) afirma que a positivação dos direitos fundamentais teria sido marcada pelos dois momentos históricos do século XVIII, a independência dos Estados Americanos da Inglaterra, com a promulgação da *Virginia Bill of Rights*, em 1776, e devido a Revolução Francesa, que inspirada pelos ideais iluministas esculpidos durante os séculos XVII e XVIII, ensejou, no ano de 1789, na Declaração dos Direitos do Homem[2].

Destaca-se que a Revolução Francesa, que proclama o famoso lema "liberdade, igualdade e fraternidade", influenciou

---

[2] ONU, Organização das Nações Unidas: **Declaração Universal dos Direitos Humanos**. 1948. Disponível na internet via < http://www.onu.org.br/img/2014/09/DUDH.pdf>. Acesso em: 06 Set. 2017.

essencialmente não só na primeira geração de direitos fundamentais como, também, nas segunda e terceira gerações. Conforme Rodrigo César Rebello Pinho:

> Cada geração de direitos representa a conquista pela humanidade de um desses grandes postulados. A primeira geração, dos direitos individuais e políticos, corresponde ao ideal da liberdade; a segunda geração, dos direitos sociais, econômicos e culturais, atende ao princípio da igualdade; e a terceira geração, dos direitos de grupos de pessoas coletivamente consideradas, corresponde ao postulado da fraternidade. (PINHO, 2011, p.97 e 98).

Paulo Bonavides leciona que os direitos fundamentais de primeira geração correspondem o direito de liberdade, *lato sensu,* isto é, os direitos civis e políticos que criam formas de garantir maior autonomia individual do cidadão perante o Estado. Os direitos de segunda geração surgiram após a Revolução Inglesa e correspondem ao direito da igualdade *lato sensu*, marcada por direitos sociais, econômicos e culturais, bem como os direitos coletivos ou da coletividade, desenvolvida no inicio do século XX, com destaque para as Constituições mexicana de 1917 e a alemã de Weimar, de 1919, que visaram melhores condições de vida e de trabalho do cidadão. Agora não somente dando autonomia aos cidadãos perante o Estado, mas fazendo com que a maquina pública atue em prol dos indivíduos, principalmente os em condição de vulnerabilidade. (BONAVIDES, 2004, p.562-565)

A terceira geração de direitos fundamentais, protetoras dos direitos de fraternidade, foi cristalizada após a segunda guerra mundial, visando a proteção de direitos de massas, destacando-se os direitos ao desenvolvimento, à paz, ao meio ambiente, à comunicação e ao patrimônio comum da humanidade, os direitos difusos e coletivos. A quarta geração de direitos fundamentais é marcada pela globalização apontados pelos direitos à informação e à democracia.

Valerio de Oliveira Mazzuoli expõe uma crítica ao sistema geracional de direitos, trazendo argumentos de que tal sistema traz a ideia equivocada em que uma geração sucede a outra, mas que em realidade o surgimento dos direitos ocorreu de forma concomitante:

> No plano interno, por exemplo, a consagração nas Constituições dos direitos sociais foi, em geral, posterior à dos direitos civis e políticos, ao passo que no plano internacional o surgimento da Organização Internacional do Trabalho, em 1919, propiciou a elaboração de diversas convenções regulamentando os direitos sociais dos trabalhadores, antes mesmo da internacionalização dos direitos civis e políticos no plano externo.

> O processo de desenvolvimento dos direitos humanos, assim, opera-se em constante *cumulação*, sucedendo-se no tempo vários direitos que mutuamente se substituem, consoante a concepção contemporânea desses direitos, fundada na sua *universalidade, indivisibilidade, interdependência e inter-relacionariedade*. (MAZZUOLI, 2007, p.677)

Seja lá como for, o princípio da dignidade da pessoa humana evolui junto ao momento racional em que a sociedade se encontra, que objetivando a efetividade deste principio, buscando melhor qualidade na vida humana, reconhece mais e mais direitos fundamentais. José Afonso da Silva explica que a "Dignidade da pessoa humana é um valor supremo que atrai o conteúdo de todos os direitos fundamentais do homem, desde o direito à vida." (SILVA, 2006, p.239), mas não só isso como também o direito à igualdade, à liberdade, à qualidade de vida, à personalidade, entre outros direitos fundamentais para a manutenção da vida humana com dignidade.

Conforme aponta o Professor da Harvard, Michael J. Sandel, o direito à morte não é defendido unicamente sob argumentos libertários e de propriedade sobre a própria vida, mas muitos defendem invocando argumentos de dignidade e compaixão. (SANDEL, 2017, p. 93).

Assim, os próximos pontos a serem questionados são: Quais os direitos fundamentais que são norteados pelo princípio da dignidade da pessoa humana? Há conflitos entre eles? Por quê? Questionamentos estes que serão mais bem abordados nos próximos tópicos.

CAPÍTULO V
DOS DIREITOS FUNDAMENTAIS NORTEADOS PELO PRINCÍPO DA DIGNIDADE DA PESSOA HUMANA

Conforme exposto no tópico anterior, a sociedade, buscando melhor qualidade para a vida humana, prioriza a tutela da dignidade do homem, *lato sensu*, por meio do reconhecimento de diversos direitos fundamentais e sociais, tais como o **direito à vida, à liberdade e à saúde**. Todavia, conforme será exposto no transcorrer desta monografia, a valorização demasiada de forma não razoável e proporcional destes direitos, fere o requisito essencial de justiça, qual seja, o equilíbrio, e por consequência, viola o princípio fundante desses direitos, isto é, o objetivo do existir do direito, a própria dignidade da pessoa humana.

A Constituição dedica seu Título II para dispor sobre os direitos e garantias fundamentais, sendo que o artigo 5º e seus setenta e oito incisos cuidam dos direitos e deveres individuais e coletivos, enquanto os artigos 6ª ao 11 tratam dos direitos sociais, os artigos 12 e 13 dispõem a respeito da nacionalidade e os direitos políticos são tratados nos Artigos14 ao 16. Contudo, outros direitos difusos e coletivos são tratados em outros Artigos tais como os 226 e seguintes, direcionados à família, criança, adolescente, jovem e idoso, por exemplo.

No presente tópico, expor-se-á, de forma separada e mais aprofundada, alguns desses direitos norteados pelo princípio da dignidade da pessoa humana, para posteriormente demonstrar o conflito que eles possam apresentar em alguns casos e assim, ter subsídios necessários para introduzir o direito à morte como uma solução a esses conflitos.

5.1 Do Direito à Vida

O direito à vida se encontra positivado no *caput* do artigo 5º da Constituição, ao lado do direito à liberdade, à igualdade, à segurança e à propriedade, *in verbis*:

> Art. 5º Todos são iguais perante a lei, sem distinção de qualquer natureza, garantindo-se aos brasileiros e aos estrangeiros residentes no País a inviolabilidade do direito à vida, à liberdade, à igualdade, à segurança e à propriedade, nos termos seguintes: [...].

A vida é sem dúvida um dos direitos mais importantes para efetivar o princípio da dignidade da pessoa humana, uma vez que sem vida, não há personalidade para proteger, portanto, não há dignidade para se reconhecer. Para Alexandre de Moraes "O direito à vida é o mais fundamental de todos os direitos, já que se constitui em pré-requisito à existência e exercício de todos os demais direitos." (MORAES, 2017, p. 46).

No tocante ao momento de início da vida humana, o artigo 2º do Código Civil, apresenta duas teorias dispondo que a personalidade civil da pessoa começa do nascimento com vida

(Teoria Natalista); mas a lei põe a salvo, desde a concepção, os direitos do nascituro (Teoria Concepcionista), tal dispositivo aparentemente faz colidir as duas teorias. Conforme lecionam Everson Manjinski e Geraldo Manjinski, a respeito:

> O nosso Código Civil, como o português de 1966 (Art. 66, II CC), o alemão (Art. 1º CC), adotam a **Teoria Natalista**, em que se admite que a criança nasce com vida desde **que respire pelo menos uma única vez**. O nascimento ocorre com a separação da criança do ventre materno, o que não significa que o cordão umbilical deve, obrigatoriamente, ser cortado. Para se comprovar o nascimento com vida, a ciência desenvolveu uma técnica utilizada na medicina legal chamada de **docimasia hidrostática de Galeno**, que consiste em mergulhar o pulmão do feto em água; se os pulmões respiraram, inflaram-se de ar, e, portanto flutuarão sobre o líquido,

> deduzindo-se que a criança nasceu com vida. Se, ao contrário, afundar, o feto não respirou e consequentemente não chegou a viver. Outros métodos também podem ser utilizados para tal verificação, a depender do caso concreto, tal como a docimasia pulmonar histológica, docimasia óptica de Icard, docimasia química de Icard e outros métodos, que em tese, sempre analisam o aparecimento de ar nos alvéolos pulmonares. (MANJINSKI, 2012, p. 65 e 66)

Segundo a Teoria Natalista, o nascituro encontra-se em situação de estado potencial de vida humana, não sendo pessoa de direitos, tendo em vista a Lei não confere direitos ao nascituro como qualquer outra pessoa de direito, com personalidade jurídica, sendo que a Lei confere direitos do nascituro um por um, um exemplo disso é a previsão dos alimentos gravídicos, para garantir a melhor gestação.

Ocorre que a segunda parte do artigo 2º do Código Civil exprime ideias consoantes a

Teoria Concepcionista que entende que a personalidade surge no momento da concepção, ou seja, quando o espermatozoide e o óvulo se encontram. O fato é que o Artigo 2º não pode ser lido em duas partes distintas, vez que faz parte de um único artigo. Assim, entende-se que apesar de serem reconhecidos os direitos do nascituro, sendo que este se encontra em estado potencial de vida humana e, portanto, é detentor de alguns direitos, um deles a dignidade, é certo que esses direitos ampliam com o nascimento com vida, quando é então dotado de personalidade jurídica, possuindo direitos iguais a todos os outros humanos. Essa é a ideia da Teoria da personalidade Condicional ou mista, teoria esta que:

> [...] admite que o embrião seja um ser humano em potencial, independentemente se foi concebido no ventre materno ou produzido em laboratório. Ao ser concebido, já se podem

determinar alguns direitos extrapatrimoniais – tal como o direito à vida – mas só se adquirirá completa personalidade quando implementada a condição do seu nascimento e, portanto, é por causa da possibilidade de nascimento que devem ser potencializados os direitos do embrião. Segundo esta teoria, o embrião *in vitro* adquire tutela jurídica, porém com condição suspensiva, ou seja, o embrião pré-implantatório deverá ser transferido ao útero e ser seguido da nidaçã, momento em que, na fase blástula, o zigoto encontra-se com a placenta, momento o qual adquire os mesmos direitos do nascituro. (MANJINSKI, 2012, p. 84)

Este é o entendimento do Supremo Tribunal Federal (STF) na Ação Direta de Inconstitucionalidade (ADI) n° 3.510 proposta pela Procuradoria Geral da República que motivada pelo entendimento de que o Artigo 5° da Lei 11.105/05 (Lei de Biossegurança) que "permite, para fins de pesquisa e terapia, a utilização de células-tronco embrionárias obtidas de embriões humanos produzidos por fertilização *in vitro* e não utilizados no respectivo procedimento" era ilegal, sob o argumento de que a existência do embrião já resta caracterizada o início da vida e como tal, deve ser reconhecida a sua dignidade.

Para colher maiores informações para decidir o caso, o Ministro agora aposentado Carlos Aires Britto, relator daquela ADI, designou uma audiência pública, na qual foram ouvidos profissionais de diversas áreas, que exporam as suas posições referentes ao caso. Após profunda discussão, o STF se posicionou dando improcedência para os pedidos formulados na ação, afirmando a constitucionalidade do referido Artigo 5º da Lei de Biossegurança:

> Dentre os argumentos expostos pelo Relator, Min. Carlos Ayres Britto, destacamos: (i) a incidência

> da Lei nº 11.105/05 se dá em hipóteses explícitas, cumulativas e razoáveis; (ii) será favorecida a pesquisa científica sobre doenças graves e anomalias genéticas; (iii) as células-tronco embrionárias oferecem maior contribuição em relação às demais, por se tratarem de células pluripotentes; e **(iv) o bem jurídico vida, constitucionalmente protegido, refere-se à pessoa nativiva.** (ORLEANS, 2013, p.9) (g.n.)

Além disso, a decisão foi fundamentada sob o olhar do princípio da dignidade da pessoa humana, uma vez que a utilização de células-tronco embrionárias tem como objetivo além da pesquisa, a cura de patologias e "traumatismos que severamente limitam, atormentam, infelicitam, desesperam e não raras vezes degradam a vida de expressivo contingente populacional." Segue a ementa da significativa decisão:

CONSTITUCIONAL. AÇÃO DIRETA DE INCONSTITUCIONALIDADE. lei de biosseguranca. impugnação em bloco do art. 5º da lei nº 11.105, de 24 de março de 2005 (lei de biosseguranca). pesquisas com células-tronco embrionárias. inexistência de violação do direito à vida. consitucionalidade do uso de células-tronco embrionárias em pesquisas científicas para fins terapêuticos. descaracterização do aborto. normas constitucionais conformadoras do direito fundamental a uma vida digna, que passa pelo direito à saúde e ao planejamento familiar. descabimento de utilização da técnica de interpretação conforme para aditar à lei de biosseguranca controles desnecessários que implicam restrições às pesquisas e terapias por ela visadas. improcedência total da ação.

Por seis votos a cinco, o Supremo Tribunal entendeu pela constitucionalidade do artigo, em que o uso em pesquisas de células-tronco embrionária, somente é permitido cujos embriões são formados sob o efeito de manipulação em ambiente extracorpóreo, ou seja, produzidos em laboratório, *in vitro*, uma vez que nessas condições, o embrião, enquanto não for implantado no útero, não possui condições de formar as primeiras terminações nervosas, ou se desenvolver sozinho, sendo que, dessa forma não pode ser considerado uma pessoa de direitos nem nascituro, não sendo passível de reconhecimento do direito à vida ou dignidade, Não é um ser humano em estado de embrião, mas sim uma entidade embrionária do ser humano, portanto somente um bem a ser protegido, não sendo possível, o seu descarte ou utilização para pesquisa, ser equiparado ao aborto, pois as características são distintas.

Nesse ponto, importante diferenciar as duas formas de reprodução manipuladas previstas no Ordenamento Jurídico, quais sejam a inseminação artificial e a fertilização *in vitro*. A inseminação artificial é realizada com a introdução do sêmen na mulher, seja este material genético ser doado pelo marido ou por outrem, isto é, de forma homóloga ou heteróloga respectivamente, de forma artificial, manipulada laboratorialmente, já a fertilização *in vitro* ocorre pela fecundação do óvulo feminino, utilizando-se do sêmen masculino, *in proveta* ou utilizando-se de uma placa *petri*, em ambiente exterior ao corpo da mulher, para que posteriormente, após o óvulo ser fecundado, ser introduzido esse material no útero da paciente para que ocorra a nidação. (ROCHA, ORG. SCALQUETTE, 2015, p. 39)

Ainda a respeito do início da vida, o autor Christian de Paul Barchifontaine (BARCHIFONTAINE, 2017, p. 41-55) aponta cinco posicionamentos da ciência, sendo a visão da genética e também da Igreja Católica, que a vida humana começa com a concepção, isto é, quando o óvulo é fecundado pelo espermatozoide, combinando os genes dos pais, formando um ser com uma combinação genética única. A visão da embriológia defende que o início da vida se dá na terceira semana de gravidez, momento em que o embrião pode se dividir e dar origem mais de uma pessoa. Por sua vez, a neurológia defende que, com a mesma lógica que se dá para o fim da vida, isto é, o fim das atividades cerebrais, o início da vida é marcado pela apresentação de atividades elétricas no feto, o que ocorre entre a 8ª e 20ª semana. Há ainda a visão ecológica em que é levada em consideração a capacidade de sobreviver fora do útero é o que caracteriza o início da vida, momento que acontece com a formação dos pulmões, entre a 20ª e a 24ª semana de gestação. Sendo este o critério utilizado pela Suprema Corte dos Estados Unidos na decisão que autorizou o aborto. Por último, é a visão metabólica, em que se afirma que a discussão a respeito do inicio da vida não é importante, defendendo que a vida não acontece em um momento único, mas sim de forma progressiva, considerando óvulos e espermatozoides como vivos assim como qualquer outro individuo formado.

Imperioso destacar que se o direito à vida repousa no princípio fundamental da dignidade da pessoa humana, ou seja, não é possível interpretar o direito à vida, sem observar a dignidade da pessoa humana. A vida da qual deve ser protegida é a vida digna, e não a vida indigna, isto é, aquela que reúne condições que fazem com que a dor e sofrimento se tornem excessivas no viver e, portanto, insuportável, transformando a própria existência em uma tortura lenta e sofrida.

Nesse sentido é a posição da Bioética e do Biodireito:"Para a bioética e o biodireito a vida humana não pode ser uma questão de mera sobrevivência física, mas sim de 'vida com dignidade" (DINIZ, 2007, p.17),

Segundo o entendimento de Vicente Paulo e Marcelo Alexandrino, o direito à vida possui duplo aspecto, abraçando tanto ao se manter vivo quanto ao direito à integridade física e psíquica, isto é, o direito em ter condições mínimas existenciais com dignidade:

> Não se resume o direito à vida, entretanto, ao mero direito à sobrevivência física. Lembrando que o Brasil tem como fundamento a dignidade da pessoa humana, resulta claro que o direito fundamental em apreço abrange o direito a uma existência digna, tanto sob o aspecto espiritual quanto material (garantia do mínimo necessário a uma existência digna, corolário do Estado Social Democrático). (PAULO, 2009, p. 109).

Nesse mesmo sentido é o que expõe Alexandre de Moraes "A Constituição Federal proclama, portanto, o direito à vida, cabendo ao Estado assegurá-lo em sua dupla acepção, sendo a primeira relacionada ao direito de continuar vivo e a segunda de se ter vida digna quanto à subsistência." (MORAES, 2017, p. 97).

Seguindo os ensinamentos do Doutrinador supracitado, o Supremo Tribunal Federal já se posicionou no sentido de que é inquestionável que o direito à vida não é absoluto, assim como nenhum outro direito fundamental é, devendo o Estado, uma vez que não há hierarquia entre direitos fundamentais, sempre buscar a melhor solução para o caso, se pautando nos princípios de interpretação já expostos nos tópicos acima.

Assim, entende-se que o direito à vida, em hipótese alguma, deve entrar em conflito com o princípio que o sustenta, qual seja, a dignidade da pessoa humana, pois se isso ocorrer, perde-se a razão desse direito, e como se não bastasse, causaria na violação de um principio, hipótese muito mais prejudicial para a justiça do que a violação de um direito. É o entendimento do jurista Ingo Wolfgang Sarlet:

> O que se percebe em última análise, é que onde não houver respeito pela vida e pela integridade física e moral do ser humano, onde as condições mínimas para uma existência digna não forem asseguradas, onde não houver limitação do poder, enfim, onde a liberdade e a autonomia, a igualdade (em direitos e dignidade) e os direitos fundamentais não forem reconhecidos e minimamente assegurados, não haverá espaço para a dignidade da pessoa humana e esta (a pessoa), por sua vez, poderá não passar de mero objeto de arbítrio e injustiças. (SARLET, 2001, p.59)

Assim, o que deve ser usado é a razoabilidade na análise do caso concreto para então decidir pela relativização de um direito fundamental conflitante. Além de casos específicos, o Ordenamento Jurídico prevê de antemão certas hipóteses em que o direito à vida é relativizado. É o que ocorre na possibilidade de pena de morte em caso de guerra declarada (artigo 5º, XLVII, a), em que, tal pena é aplicada por fuzilamento, de acordo com o artigo 56 do Código Penal Militar:

> Art. 56. A pena de morte é executada por fuzilamento.

Afirma Jorge César de Assis citando Silvio Martins Teixeira que o método por fuzilamento "é uma forma de executar a pena de morte sem humilhação" (TEIXEIRA, 2013, p.159), demonstrando que, ainda que o direito à vida seja relativizado em estado de guerra, a dignidade da pessoa humana é buscada.

Outro caso de relativização do direito à vida desta vez de forma tácita, é encontrado na Lei nº 9.614/98, também conhecida como Lei do

Abate, que altera a Lei nº 7.565/86 (Código Brasileiro de Aeronáutica), incluindo o segundo parágrafo no artigo 303 desta Lei, dispondo que

> Art. 303. [...] § 2º Esgotados os meios coercitivos legalmente previstos, a aeronave será classificada como hostil, ficando sujeito à medida de destruição, nos casos dos incisos do caput deste artigo e após autorização do Presidente da República ou autoridade por ele delegada.

Ora, forçoso imaginar a destruição da aeronave considerada hostil, sem que com isso, cause a morte de seus tribulantes.

Há ainda as hipóteses das excludentes de ilicitude previstas no artigo 23 do Código Penal, que estabelece a permissão de uma conduta tipificada quando preenchida de algumas situações que levaram o crime a acontecer, por exemplo, não há crime se o sujeito que matar alguém estiver em estado de necessidade, em legítima defesa, em estrito cumprimento de um dever legal ou no exercício regular de direito.

O Doutrinador penalista Rogério Sanches Cunha defende que além das causas excludentes da ilicitude previstas no artigo 23, há outras causas espalhadas no Ordenamento Jurídico, como por exemplo, a permissão dos abortos necessário e humanitário, ou ainda a apropriação justificada, prevista no artigo 1470 do Código Civil. Ressaltando ainda que há quem defenda que o consentimento do ofendido é causa supralegal de excludente de ilicitude pacificamente reconhecida. (CUNHA, 2016, p. 256 e 257)

O aborto é tido como fato típico, previsto nos artigos 124, 125 e 126 do Código Penal (CP), em que, por uma conduta da própria mãe (artigo 124 CP), ou provocado por terceiros, com o consentimento da gestante (artigo 125 CP), ou sem (artigo 126 CP), faz com que a gravidez seja interrompida, impedindo de forma não natural e espontânea, que o nascituro possa nascer, violando seus direitos, ou seja, ceifando a vida intrauterina. (CUNHA, 2016, p. 103)

Ocorre que, há situações em que o aborto é permitido sem que haja a responsabilização do médico que o praticar, são os casos previstos na Lei penal e os reconhecidos pela jurisprudência, logo, trata-se, de mais algumas situações em que o direito à vida é relativizado.

O Artigo 128 do Código Penal prevê a permissividade do aborto necessário ou também conhecido como terapêutico, em que a gestante corre grave risco de morrer com o desenvolvimento da gravidez, encontrando-se em estado de necessidade. O mesmo artigo, em seu inciso II prevê o aborto sentimental, ou também conhecido como aborto humanitário, em que a gravidez se deu por resultado de um estupro. Nesse caso, o Ordenamento jurídico valoriza a proteção da dignidade da mãe em detrimento da vida do nascituro.

Insta salientar, que além das permissões do referido artigo, a jurisprudência vem permitindo outras duas possibilidades de aborto sem recair ao médico a responsabilidade penal ou civil. A primeira não se entende como uma causa de relativização do direito à vida, mas a afirmação do direito à vida em seu aspecto duplo, em que o direito à vida não protege somente o se manter vivo, mas o se manter vivo com o mínimo de dignidade, permitindo nesse caso, indiretamente, o direito à morte do nascituro em que resta a comprovação de ser portador de anencefalia e, portanto, tal sujeito, teria uma vida curta e indigna. Tal entendimento se deu com a polêmica decisão do STF no *Habeas Corpus* nº 84.025-6, em que o Ministro Joaquim Barbosa foi o relator. Segundo o relatório constante na decisão:

A paciente, de 18 anos, residente em Teresópolis-RJ, por intermédio da Defensoria Pública do Estado do Rio de Janeiro, entrou, perante o juízo criminal de direito de Teresópolis, com pedido de autorização judicial para realização de aborto, tendo em vista a constatação por exames médicos de que o feto era portador de grave anomalia (anencefalia, ausência da calota craniana e cérebro rudimentar).

Em breve síntese do processo, o Magistrado de primeira instancia negou a ordem, motivado pelo entendimento de que o caso da impetrante não se encontrava nas hipóteses de exclusão de ilicitude previstas no Artigo 23, expostas há pouco. Tanto a impetrante quanto o Ministério Público, que se mostrou favorável à alegação daquela, inconformados com a decisão, interpuseram um recurso de apelação visando a sua reforma. A Desembargadora Relatora, a Doutora Gizelda Leitão Teixeira, concedeu a medida liminar para autorizar a realização do procedimento abortivo. Brilhantemente, a Desembargadora fundamentou a sua decisão com o seguinte entendimento:

> A hipótese trazida nestes autos não é de fácil solução, eis que, trata-se de uma vida que está em curso, mas, registre-se, fadada, inexoravelmente, ao óbito logo após o parto. [...] Mas, sobrevindo a notícia de que o feto padece de patologia irreversível e incontornável, fácil imaginar-se o desespero, a tristeza que toma conta dos pais. Saber que se traz no ventre um ser tão amado, mas fadado à morte tão logo nasça. [...] A vida é bem a ser preservada a qualquer custo. Mas e quando a vida torna-se inviável, pois é certo que o bebê em gestação não sobreviverá após o parto? É justo condenar-se a mãe a meses de sofrimento, de angústia, de desespero, quando, desde logo, já se sabe que o feto está condenado de forma irremediável

> ao óbito, logo após o parto? [...]
> Desesperados, os pais vêm às
> portas do Judiciário buscar uma
> solução legal para o sofrimento
> que sobre eles se abateu.
> Buscam a legalidade, o que
> demonstra nobreza de
> sentimentos e obediência à ordem
> jurídica vigente. Nada de agir às
> margens da lei, porque nada têm
> a esconder: tornam público o
> drama que sobre eles se abateu e
> clamam por uma solução que
> ponha fim ao sofrimento e à
> angústia. [...]A morte do feto, logo
> após o parto, é inquestionável.
> Logo, infelizmente nada se pode
> fazer para salvar o ser em
> formação.

Após a decisão liminar, um desembargador aposentado do Tribunal de Justiça do Rio de Janeiro e um advogado, interpuseram agravo regimental para afastar a decisão da relatora. O presidente da Câmara, suspendeu a decisão, porém após ser apreciado pelo colegiado, este decidiu em negar provimento ao agravo regimental, tendo a decisão da desembargadora relatora voltar a fazer efeito. Diante de tal decisão, um padre, impetrou um *habeas corpus* endereçado ao Superior Tribunal de Justiça (STJ) requerendo desconstituir a decisão monocrática da desembargadora. A Ministra que recepcionou o *habeas corpus* impetrado pelo padre concedeu o pedido de forma liminar para sustar a decisão do Tribunal a quo. O STJ confirmou a liminar.

Assim, a impetrante do habeas corpus principal junto com algumas associações, impetrou um *habeas corpus* dessa vez tendo como destinatário o STF, requerendo a cassação da decisão do STJ a fim de aprovar o aborto. Finalmente, quem recebeu o *habeas corpus* foi o ex Ministro Joaquim Barbosa, que proferiu a seguinte decisão:

> [...] Em outras palavras, busca-se, no presente *habeas corpus*, a tutela da liberdade de opção da mulher em dispor de seu próprio corpo no caso específico em que

traz em seu ventre um feto **cuja vida independente extra-uterina é absolutamente inviável.**
Portanto, é importante frisar, não se discute nos presentes autos a ampla possibilidade de se interromper a gravidez. A questão aqui é bem diferente, pois se refere à interrupção de uma gravidez que está fadada ao fracasso, pois seu resultado, **ainda que venham a ser envidados todos os esforços possíveis, será, invariavelmente, a morte** do feto. Segundo a literatura médica especializada, o bebê não viverá mais do que alguns dias porque é portador de uma anomalia gravíssima: a anencefalia ou ausência de cérebro. Não é preciso ser um especialista no assunto para entender que sem o órgão vital que comanda as funções básicas do corpo humano e também os sentimentos e as emoções, é absolutamente impossível a vida extra-uterina independente. [...]Contudo, o legislador, no campo da exclusão de ilicitude, trouxe duas exceções a essa regra do art. 124 do

Código Penal. No primeiro caso, quando a vida da mãe estiver em perigo - aborto necessário (art. 128, I). No segundo caso, quando a honra da mãe for violada de tal forma que torne insustentável para ela a manutenção da gravidez - aborto sentimental (art. 128, II). Em ambos os casos, é preciso ressaltar, a lei apenas exclui a ilicitude da conduta. Ou seja, a norma permite que a mãe decida se quer continuar com a gestação, não punindo sua conduta caso ela opte pela interrupção da gravidez. É certo que, no caso de risco de vida para a mãe, muitas vezes não há tempo hábil para ela fazer tal escolha, mas isso não vem ao caso neste momento. O que é imprescindível repisar é que a lei preserva o direito de escolha da mulher, não atentando para a viabilidade ou inviabilidade do feto. Estamos diante, portanto, de uma tutela jurídica expressa da liberdade e da autonomia privada da mulher. [...]Em se tratando de feto com vida extra-uterina inviável, a questão que se coloca é: não há possibilidade alguma de que esse feto venha a sobreviver fora do útero materno, pois, qualquer que seja o momento do parto ou a qualquer momento em que se interrompa a gestação, o resultado será invariavelmente o mesmo: a morte do feto ou do bebê. A antecipação desse evento morte em nome da saúde física e psíquica da mulher contrapõe-se ao princípio da dignidade da pessoa humana, em sua perspectiva da liberdade, intimidade e autonomia privada? Nesse caso, a eventual opção da gestante pela interrupção da gravidez poderia ser considerada crime? Entendo que não, Sr. Presidente. Isso porque, ao proceder à ponderação entre os valores jurídicos tutelados pelo direito, a vida extra-uterina inviável e a liberdade e autonomia privada da mulher, entendo que, no caso em tela, deve prevalecer a dignidade da mulher, deve prevalecer o direito de liberdade desta de escolher aquilo que melhor representa seus interesses pessoais, suas convicções morais e religiosas, seu sentimento pessoal. [...] Por seu turno, o presidente da Segunda Câmara Criminal, em 21.11.2003, suspendeu "si et in quantum" a decisão de sua Colega de Turma. Processado o agravo regimental, veio este a ser desprovido pelo Colegiado em 25.11.2003, mantida, portanto, a decisão da desembargadora que autorizara a realização do aborto eugênico [...]Vê-se, assim, que são dois os argumentos do Superior Tribunal de Justiça, quais sejam: (i) de que a vida do nascituro, no caso concreto, é protegida pelo Direito Penal e (ii) de que o aborto eugênico não se encaixa nas hipóteses de excludente de ilicitude, previstas no art. 128 do Código Penal. Com relação ao primeiro argumento, faço a seguinte indagação: quando, em razão de anencefalia, **a vida** extra-uterina do nascituro **é inviável, deve o direito garantir a essa vida o mesmo grau de proteção? Entendo que não. Explico. A tutela da vida humana experimenta graus diferenciados. As diversas fases do ciclo vital, desde a fecundação do óvulo, com a**

posterior gestação, o nascimento, o desenvolvimento e, finalmente, a morte do ser humano, recebem do ordenamento regimes jurídicos diferenciados. [...]Por essa razão, o feto anencefálico, mesmo estando biologicamente vivo (porque feito de células e tecidos vivos), não tem proteção jurídica. Sobre o tema, e com orientação idêntica à nossa, o professor Claus Roxin, em recente visita ao Brasil, proferiu a palestra "A proteção da vida humana através do Direito Penal", oportunidade em que salientou (i) **que a vida vegetativa não é suficiente para fazer de algo um homem** e (ii) que com a morte encefálica termina a proteção à vida. A transcrição da referida palestra pode ser obtida no seguinte sítio: http://wwww.mundojuridico.adv.br/ html/artigos/documentos/texto_Ro xin.htm (consultado em 03.03.2004). [...]Por fim, com relação ao argumento de que o aborto eugênico não se encontra incluído no rol de excludentes de ilicitude previsto no art. 128 do Código Penal, tenho que, sendo o comportamento atípico, a questão fica prejudicada. De fato, se a conduta não é típica, sequer há de se cogitar de ilícito penal. No entanto, importante frisar que há uma razão histórica para o aborto eugênico não ser considerado lícito. **Quando da promulgação do Código Penal, em 1940, não havia tecnologia médica apta a diagnosticar, com certeza, a inviabilidade do desenvolvimento do nascituro pós-parto.***(6)[...]* Nesse aspecto, é importante lembrar que os estudos referentes à medicina fetal e à terapia neonatal datam da década de 1950, somente vindo a alcançar a sofisticação hoje conhecida há pouco mais de dez anos. Explica-se, assim, a lacuna do Código Penal. O que não se explica é o argumento fundamentalisticamente positivista utilizado pelo Superior Tribunal de Justiça. Ante o exposto, concedo parcialmente a ordem, para cassar a decisão do Superior Tribunal de Justiça, assegurando à paciente GABRIELA OLIVEIRA CORDEIRO o direito de, assistida por médico, tomar, caso seja essa

> sua vontade, a decisão de interromper a gravidez, desde que isso ainda seja viável do ponto de vista médico, visto haver indícios de que a gravidez já esteja em estágio avançado. Estendo igualmente a ordem a todo o corpo médico e paramédico que eventualmente venha a se envolver no possível evento hospitalar. (g.n.)

É cediço que o caso demonstra a polêmica que tal situação de conflito entre o direito à vida e outros direitos da dignidade da pessoa humana (liberdade, saúde...) é capaz de causar. Não poderia ser diferente, são conflitos de direitos ligados a um dos principais princípios do Ordenamento Jurídico brasileiro, a dignidade da pessoa humana. Mas o que ficou mais evidente é que o Poder Judiciário esta pronto para atualizar o direito para o tempo em que estamos vivendo, diferente de cem, cinquenta, vinte e dez anos atrás. É o entendimento de Ana

Cláudia da Silva Scalquette e Rodrigo Arnoni Scalquette:

> Percebemos, nitidamente, que muitas vezes a tutela legal de casos de grande complexidade, notadamente, os que dizem respeito a questões envolvendo o Direito de Família, Biodireito e Direito Penal – acaba sendo antecedida por decisões judiciais que identificam a real necessidade social, servindo de mola propulsora para a positivação da matéria, sem que isso possa, a nosso ver, significar um desrespeito à competência de algum poder, mas sim a resposta a pleito que não pode deixar de ser apreciado. (SCALQUETTE, 2013, p.53)

Importante destacar novamente que, a permissividade do aborto eugênico não se pode confundir com as formas de relativização do direito à vida até aqui expostas, isto, pois, tais hipóteses apresentam um caráter punitivo ou de valorização da proteção à segurança nacional (pena de morte em caso de guerra declarada/ Lei do abate), ou então possui um caráter protetivo da vida própria (estado de necessidade, legítima defesa, aborto necessário), ou mesmo de proteção da sociedade (exercício regular de um direito ou estrito cumprimento de um dever legal), ou então fundamentado na ideia de reprovação social, em que é deixado de lado à vida do nascituro para proteger somente a dignidade da genitora estuprada (aborto humanitário).

Mas no caso do aborto eugênico é diferente, pois é a única que, de forma indireta, reconhece a morte como um direito, o direito de não viver uma vida indigna, uma vez que a fundamentação da decisão não se pautou somente na dignidade da genitora em detrimento da vida do feto, mas principalmente reconheceu a morte como um direito para garantir a dignidade do próprio titular da vida.

A mesma fundamentação poderia ser utilizada de forma análoga para permitir, por exemplo, a eutanásia, uma vez que reconhece que o titular do direito à vida, bem como aquele que o representa legalmente, possui o direito de dar fim na vida daquele que não possui condição alguma de ter sua vida com dignidade, que não possui expectativa alguma de exercer uma vida autonomicamente de modo digno. O que diferencia esse caso na situação de pacientes que sobrevivem nos hospitais, presos em máquinas, que mantém seu corpo vivo, mas a sua alma aprisionada, indigna, sofrida? A gestante se equipara às maquinas que mantém a vida sem condições de dignidade, o procedimento cirúrgico abortivo equipara-se ao procedimento da eutanásia. A inserção do direito à morte como um direito fundamental é questão de tempo.

No final do turbulento ano político e econômico do Brasil, em novembro de 2016, o STF decidiu o *Habeas Corpus* nº 124.306, que mudou a jurisprudência no sentido de ter aberto um precedente em que o aborto quando realizado até o terceiro mês de gravidez não é passível de gerar a responsabilização criminal, em que, na fundamentação do voto do Ministro relator do caso, Luis Roberto Barroso, valorizou a integridade física e psíquica da gestante, os direitos sexuais e reprodutivos da mulher, bem como sua autonomia de vontade, novamente relativizando o direito à vida. Segue a ementa da decisão:

> DIREITO PROCESSUAL PENAL. HABEAS CORPUS. prisão preventiva. ausência dos requisitos para sua decretação. inconstitucionalidade da incidência do tipo penal do aborto no caso de interrupção voluntária

da gestação no primeiro trimestre. ordem concedida de ofício.

Possível ainda incluir entre o direito à vida, o direito à integridade física e à honra, uma vez que, conforme exposto, o direito à vida não abarca somente o direito de estar vivo, mas também o de ter uma vida com um mínimo de dignidade e qualidade existencial. Com isso, o inciso III do artigo 5º da Constituição prevê que "ninguém será submetido à tortura nem a tratamento desumano ou degradante". Diante tal direito, possível questionar: será que manter viva uma pessoa em condições sub-humanas, de forma totalmente indigna, somente com o objetivo de atordoar uma morte que é certa, não seria uma forma de tortura, ou de tratamento desumano ou degradante e, por isso, ilegal.

Com isso, resta claro que o direito à vida é um dos principais direitos fundamentais, e deve ser priorizado, porém em respeito ao "equilíbrio", elemento de existência da Justiça, este deve ser interpretado com o olhar não somente para o estar vivo, mas o estar vivo com dignidade.

5.2 Do Direito à Liberdade

A liberdade além de um direito é também um dos objetivos fundamentais da República Federativa do Brasil, proclamado no preâmbulo da Constituição e também no inciso I do artigo 3º da Constituição e, destarte, constante no Título I que trata dos princípios fundamentais, sendo assim, além de um direito, liberdade é também um princípio:

> Art. 3º Constituem objetivos fundamentais da República Federativa do Brasil:
>
> I - construir uma sociedade **livre**, justa e solidária; (g.n.)

Conforme ensina Rodrigo César Rebello Pinho, são princípios informadores do Estado brasileiro: a) republicano; b) federativo; c) democrático; d) soberania nacional; e) cidadania; f) dignidade da pessoa humana; g) valores sociais do trabalho e da livre iniciativa; h) pluralismo político; i) separação de poderes; j) **liberdade**; k) justiça; l) solidariedade; m) desenvolvimento nacional; n) erradicação da pobreza e da marginalização e redução das desigualdades sociais e regionais; o) igualdade e p) promoção do bem de todos. (PINHO, 2011, p.94)

Os direitos de liberdade, tidos como os direitos fundamentais de primeira geração, tiveram origem na Revolução Francesa de 1789 cujos princípios do movimento se traduzem pela "liberdade, igualdade e fraternidade", entretanto há doutrinadores que defendam que os direitos de liberdade surgiram em 1215 com a promulgação da *Magna Charta Libertatum* inglesa, que limitavam o poder do Rei e dos Monarcas a fim de evitar abusos, reconhecendo certa liberdade à sociedade. A respeito, Daniel Sarmento leciona:

> [...] embora as idéias de rousseau tenham exercido grande influência em eventos como a revolução Francesa, e possibilitado a redescoberta da democracia, esquecida desde os gregos, o fato é que, no ideário liberal, prevaleceu a visão lockeana de direitos humanos identificada com a "liberdade dos modernos". Por muito tempo, estes direitos não eram nada mais do que deveres de abstenção do estado, que deveria manter-se inerte para não violá-los. o essencial era salvaguardar as liberdades privadas do indivíduo, o que impunha o estabelecimento de limites ao exercício do poder político. o estado era visto como um adversário da liberdade, e por isso cumpria limitá- lo, em prol da garantia dos direitos do homem. (SARMENTO, 2010, p.34).

No Brasil, a segunda metade do século XIX foi marcada pela conquista da dura luta por reconhecimento de dignidade dos seres humanos em condição de escravidão, concedendo-lhes igualdade no tratamento e liberdade, bem como outorgou maior proteção dos cidadãos diante os abusos do Estado, com a proclamação da República em 15 de Novembro de 1989.

A liberdade como um direito, encontra-se positivada no rol de direitos individuais básicos dispostos no caput do artigo II do Artigo 5º, onde em seu inciso II, é encontrado o princípio da legalidade que em sua letra diz que "ninguém será obrigado a fazer ou deixar de fazer alguma coisa senão em virtude de lei", ou melhor, todos são livres no limite que a lei permitir.

Liberdade é a autonomia que o indivíduo possui de fazer ou não alguma coisa, de acordo com a sua vontade. É o direito de escolha entre as opções que a vida tem a oferecer desde que não enseje em algo proibido por lei. (PINHO, 2011, p.113)

O direito à liberdade se divide em uma série de outros direitos que visam o exercício da autonomia da vontade do individuo, como por exemplo, o direito de liberdade de expressão (artigo 5º, IV, V, IX, XIV CF), liberdade de crença religiosa e convicção política e filosófica (artigo 5º VI, VII, VIII CF), liberdade de atividade profissional (artigo 5º, XIII CF), liberdade de reunião (artigo 5º, XVI CF), Liberdade de associação (artigo 5º, XVII a XIX CF), direito de propriedade, direito de locomoção (artigo 5º, XV CF), etc., em que possuem suas formas próprias de garantia, tais como o habeas corpus, o habeas data, o mandado de segurança, o mandado de injunção, a ação civil pública.

A autonomia da vida privada é um dos aspectos centrais da liberdade, eis que representa o direito de cada ser humano se auto-regulamentar, ou seja, decidir o que é bom ou ruim para si, desde que tais escolhas não interfiram ou lese direitos alheio e não viole a lei. A autonomia da vida privada não esta relacionada somente aos princípios da liberdade e da legalidade como também o da dignidade da pessoa humana, uma vez que é de extrema dignidade que o individuo decida sobre a sua vida, de acordo com sua vontade, desde que não afete ninguém sua decisão. Assim leciona Daniel Sarmento, citando Canotilho: "princípio antrópico que acolhe a idéia pré-moderna e moderna da dignitas-hominis (pico della Mirandola) ou seja, do indivíduo conformador de si próprio e da sua vida segundo o seu próprio projecto espiritual" (CANOTILHO apud SARMENTO, 2010, p. 179) Ronald Dworkin assim ilustra:

> As pessoas têm o direito de não sofrer desvantagem na distribuição de bens e oportunidades sociais, inclusive desvantagem nas liberdades que

> lhes são concedidas pelo Direito
> criminal, apenas porque suas
> autoridades ou concidadãos
> acham que as suas opiniões a
> respeito da maneira certa de
> levarem suas próprias vidas são
> ignóbeis ou erradas. (DWORKIN,
> 2005, p. 525)

Segundo preceitua o Ministro do STF Luís Roberto Barroso e Letícia de Campos Vélho Martel, para que um indivíduo possua condições de exercer sua autonomia, é necessário que a sociedade assegure a este, condições econômicas, educacionais e psicofísicas mínimas. (BARROSO, 2010, p. 253)

Quanto maior a intervenção do Estado, menor é a liberdade, sendo o excesso de intervenção a decorrência de um Estado fascista, aquele antiliberal, centrado em um governo de caráter autoritário (MICHAELIS, 2017), enquanto uma sociedade extremamente liberal, se torna em uma anarquia, ou seja, um sistema político e social sem a presença de um

Estado, ou qualquer autoridade (MICHAELIS, 2017). Sobre o tema, Daniel Sarmento explica que:

> [...] entendia-se, então, que sociedade e estado eram dois universos distintos, regidos por lógicas próprias e incomunicáveis [...] aos quais corresponderiam, reciprocamente, os domínios do Direito Público e do Direito Privado. [...] no âmbito do Direito Público, vigoravam os direitos fundamentais, erigindo rígidos limites à atuação estatal, com o fito de proteção do indivíduo, enquanto no plano do Direito Privado, que disciplinava relações entre sujeitos formalmente iguais, o princípio fundamental era o da autonomia da vontade. [...] assiste-se, neste contexto, a um crescente intervencionismo estatal em prol das partes mais fracas das relações sociais. O Direito do trabalho desmembra-se do Direito Civil, afirmando-se como um novo ramo da ordem jurídica, fundado sobre premissas inteiramente diversas, com objetivo de

> proteção do trabalhador diante do seu empregador, como parte mais fraca da relação jurídica. No Direito Privado, multiplicam-se as normas de ordem pública, ampliando-se as hipóteses de limitação à autonomia da vontade das partes em prol dos interesses da coletividade. [...] (SARMENTO, 2010, p.35-39 e 45)

Assim, entende-se que há que existir um equilíbrio nas relações entre o Estado e os indivíduos da sociedade, em que é garantida a liberdade e autonomia da vida privada, desde que não traga prejuízo social algum. Dessa forma, o intervencionismo do Estado na autonomia do individuo seria justificado pelo objetivo de proteção da parte mais frágil nas relações jurídicas, e promoção de interesses gerais da coletividade. (SARMENTO, 2010, p.119)

Ora, será que há prejuízo para a coletividade, se um indivíduo deseja por fim ao próprio sofrimento, optando pela morte provocada de forma digna?

Daniel Sarmento ainda leciona que o direito pós-moderno tem uma tendência pela *soft Law*, ou seja, tende a ser mais flexível, buscando negociar, ou induzir determinado comportamento, do que proibir a prática dele (SARMENTO, 2010, p. 68).

Com isso, nítido perceber que a liberdade não deve ser respeitada e interpretada somente como um direito, mas também como um princípio, disposto na forma de um dos objetivos da República. Além disso, não é forçoso reconhecer que a intervenção Estatal é positiva, mas até ela deve ter um limite, ou melhor, somente deve intervir buscando a proteção dos indivíduos, não devendo se estender a limitar a autonomia do cidadão porquanto seus atos não violem direitos alheios, como ocorre com a positivação do direito à escolha do abreviamento da própria vida, a fim de que sua dignidade seja preservada.

5.3 Do Direito à Saúde

Ab initio, importante esclarecer que o presente tópico não irá abordar o direito à saúde em todos seus aspectos, mas se prestará somente para levantar subsídios importantes que possibilitarão uma melhor introdução na análise da possibilidade da inserção do direito à morte como um Direito Fundamental constitucional.

Dito isso, passamos a falar do direito social à saúde. Em breve síntese, saúde se traduz como o "bem estar físico, psíquico e social, vigor físico, energia, força, robustez" (MICHAELIS, 2017), também nesse sentido, a Organização Mundial da Saúde – OMS define saúde como "um estado de completo bem-estar físico, mental e social, e não somente a ausência de doença ou de mal-estar".[3]

Trata-se de um direito fundamental de 2º geração, disposto no artigo 6º da Constituição ao lado de outros direitos sociais como alimentação, trabalho, educação, moradia, lazer, previdência social, entre outros, mas é no Capítulo II do Título VIII da Constituição que há uma melhor abordagem sobre o direito à saúde, mais especificamente nos artigos 196 a 200.

Logo no artigo 196 da Constituição, o direito à saúde é tido como um direito universal, sendo dever do Estado garantir a efetividade do cumprimento deste direito por meio de políticas públicas, visando a redução de riscos de doenças, bem como a recuperação da saúde daquele que precisa. O direito à saúde também é previsto no artigo 25 da Declaração Universal

---

[3] "Health is a state of complete physical, mental and social well-being and not merely the absence of disease or infirmity" World Health Organization. **Constitution of the World Health Organization.** 2014. p.1 Disponível na internet via <http://apps.who.int/gb/bd/PDF/bd48/basic-documents-48th-edition-en.pdf#page=7> Acesso em 08/02/2017.

dos Direitos Humanos, em que é reconhecido o direito de todos os seres humanos terem acesso a um nível adequado de saúde e bem estar.[4]

Tal direito é consequência da positivação do direito fundamental à vida digna e faz parte dos direitos fundamentais justamente com o objetivo de salvar vidas e tratar doenças e outras moléstias para que o sofrimento humano seja curado ou ao menos aliviado. Contudo, a questão que se levanta aqui é justamente quando a ciência médica de nada pode fazer para salvar a vida do individuo ou amenizar a sua dor, que nem sempre é física, mas também psicológica, de modo que, ao manter a vida por manter, sem que esta vida tenha condições mínimas de dignidade, não há saúde, portanto meios de efetivar o direito à saúde, mas senão apenas ao acesso a cuidados paliativos com o

---

[4] Organização das Nações Unidas. **Declaração Universal dos Direitos Humanos**. Disponível na internet via <http://www.ohchr.org/EN/UDHR/Documents/UDHR_Translations/por.pdf> Acesso em 09/02/2017.

objetivo de reduzir a dor e sofrimento do indivíduo.

O direito à saúde não deve ser interpretado somente como um direito que o indivíduo tem de receber tratamento médico, mas deve visar primeiramente o bem estar e vida digna do paciente. O foco principal deste direito não é evitar a morte a qualquer custo, mas sim preservar a qualidade de vida, tentando uma cura, e caso não seja possível, ao menos minimizar o sofrimento.

A respeito da saúde e do bem estar, Leo Pessini afirma que nem sempre tais objetivos podem ser alcançados, apontando a situação de indivíduos que sentem dor e sofrimento por causa da velhice ou de doenças. Leciona ainda a diferença entre dor e sofrimento:

> A diferença entre dor e sofrimento tem grande significado, principalmente quando se lida com pacientes terminais. O enfrentamento da dor exige o uso

de medicamentos analgésicos, enquanto o sofrimento pede acolhida para fortalecer o espírito e as noções de significado e sentido da vida, pois a dor sem explicação geralmente se transforma em sofrimento. E o sofrimento é uma experiência humana profundamente complexa, na qual intervêm a identidade e subjetividade da pessoa, bem como seus valores socioculturais e religiosos.

Um dos principais perigos em negligenciar a distinção entre *dor* e *sofrimento* é a tendência dos tratamentos de se concentrarem somente nos sintomas e dores físicas, como se esses fossem a única fonte de angústia e padecimento para o paciente. Tende-se a reduzir o sofrimento a simples fenômeno físico, que pode ser mais facilmente identificado, controlado e dominado por meios técnicos.

Além disso, tal relação permite continuar agressivamente com tratamentos fúteis, na crença de que, se o tratamento protege os pacientes da dor física, os protegerá também de todos os outros aspectos, inclusive de sua angústia existencial. A continuidade desses 'cuidados' pode estar impondo mais sofrimentos ao paciente terminal e seus familiares (PESSINI, 2016).

Assim, entende se que insistir em manter uma vida indigna de uma pessoa que não deseja viver é o mesmo que violar o direito à saúde, à vida digna, à integridade, à autonomia da vontade, e a dignidade da pessoa humana. Portanto, tal é a importância da positivação do direito à morte como um dos direitos fundamentais, uma vez que seu resultado seria a proteção desses direitos e a efetivação da dignidade da pessoa humana. Mas será isso possível? De que forma? Veja-se adiante.

CAPÍTULO VI
DO DIREITO À MORTE

Finalmente, depois de abordado todos os tópicos preliminares, de maneira a reunir os elementos imprenscidiveis para o entendimento da dimensão do assunto principal da presente monografia, possível adentrar no que de fato consiste o direito à morte.

Aduz Adriana Caldas do Rego Dabus Maluf "A morte, vista sob uma ótica filosófica, é o antônimo da vida, mas também é aquilo que faz parte da vida, e que por mais paradoxal que pareça 'faz com que a vida possa ser melhor'" (MALUF, 2013, p.425).

Ora, o que é a morte senão a única certeza do homem? O ser humano teme a morte justamente por desconhecer o que vem depois dela. Oxalá se cada indivíduo absorvesse os últimos ensinamentos lecionados por Sócrates quando este apresentou a sua defesa aos cidadãos atenienses dizendo, segundo Platão:

> Pois que, ó cidadãos, o temer a morte é outra coisa que parecer ter sabedoria, não tendo. É de fato parecer saber o que não se sabe. Ninguém sabe, na verdade, se por acaso a morte não é o maior de todos os bens para o homem, e, entretanto todos a temem, como se soubessem, com certeza, que é o maior dos males. [...] (PLATÃO, 2013, p. 32)

A morte, como um direito, visa pacificar as causas em que há conflitos entre o direito à vida e o direito à liberdade, sobretudo quando se trata de dignidade e vida de um mesmo ser humano. Assim, nesse sentido, o direito à morte não poderia se valer para autorização do aborto, salvo naquele em que resta constatada a anencefalia do nascituro, em que mesmo ele nascendo, não teria condições alguma de viver uma vida digna. Nos casos de aborto voluntário, o que se vê é um conflito entre o direito à liberdade da mãe em conflito com o direito à vida do nascituro, hipótese da qual não se enquadra no direito à morte.

As perguntas a serem respondidas como pressuposto autorizador da evocação do direito à morte seriam: " Há conflito do direito à vida e liberdade daquele sujeito?; é possível aquele indivíduo ter uma vida digna? Ou; Ele deseja viver?"

Para Maria de Fátima Freire de SÁ:

> A evolução da medicina e os constantes progressos biotecnológicos deram vasão a várias discussões e o certo é que há forte corrente que abandonou a idéia de pensar a vida como o

> simples respirar, não somente como garantia de sobrevida, ou como garantia da 'batida de um coração' ou uma 'doce ilusão'. A discussão que permeia a garantia do direito à vida versa, não raro, em relação à sua qualidade e dignidade, como construção diária. Daí a pergunta: pacientes terminais têm direito de morrer em paz e com dignidade? Ou devem sobreviver, mesmo que vegetativamente, até a parada respiratória ou a morte cerebral? [...] (SÁ, 2005, p. 26)

Uma vez que o direito à vida é norteado pelo princípio da dignidade da pessoa humana, a vida que deve ser buscada é a vida digna. Com esse mesmo entendimento afirmou o filósofo Baruch Spinoza "A dignidade da morte começa com a dignidade da vida." (SPINOZA apud NUNES, 2009, p.86-92).

O direito à morte vem justamente para garantir a dignidade quando a vida não possui condições alguma de se manter digna. Assim, dispor o direito à morte como um direito fundamental, no rol dos direitos individuais do artigo 5º da Constituição, além conferir maior eficácia ao direito à vida e à forma de garantir liberdade ao particular decidir pela sua própria vida, garante maior cumprimento ao princípio da dignidade da pessoa humana. Nesse sentido José Antônio Peres Gediel afirma que:

> O conceito de dignidade da pessoa humana e da perda ou diminuição da dignidade, como conseqüência de doença incurável, também tem fornecido ao Direito continental europeu fundamentação teórica para defender a eutanásia como direito de ser livremente exercido pelo sujeito. (GEDIEL, 2000, p.66)

O direito à morte sinteticamente consiste no direito do ser humano ter uma morte digna, seja por métodos de abreviamento (eutanásia ativa ou de duplo efeito/ suicídio assistido), ou simplesmente deixa-lo falecer (eutanásia passiva/ortotanásia), podendo ser voluntário (iniciativa do titular da vida), ou não voluntário (iniciativa da família, com a aprovação de uma junta médica, de preferência homologada por um juiz de direito, desde que o paciente não tenha discernimento e apresente quadro clínico irreversível de cura que o impossibilite de ter uma vida digna).

Segundo os ensinamentos do Professor de Direito do *Boston College Law School*, Charles H. Baron, PhD, o direito à morte é o "direito de uma pessoa gravemente doente escolher morrer com dignidade"[5] (BARON, 1997, p.51).

Também a respeito ao direito à morte, o jusfilósofo Ronald Dworkin assevera que:

> A morte domina porque não é apenas o começo do nada, mas o

---

[5] BARON, Charles H. **Droit Constitutionnel et bioéthique: l'expérience américaine.** Paris: Econômica, 1997. p. 51. Texto original "droit pour une persomre gravement malade de choisir de mourir dans la dignité". Tradução Livre.

> fim de tudo, e o modo como pensamos e falamos sobre a morte - a ênfase que colocamos no 'morrer com dignidade' - mostra como é importante que a vida termine apropriadamente, que a morte seja um reflexo do modo como desejamos ter vivido (DWORKIN, 2003, p. 280).

Seguindo a mesma linha de raciocínio, Matheus Massaro Mabtum e Patrícia Borba Marchetto explicam:

> O direito à morte digna surge do conflito e da harmonização entre os direitos fundamentais à vida, à dignidade e à liberdade. Possui conteúdo próprio, distinto dos direitos que lhe deram origem, mas tem origem na sua harmonização, a partir da ponderação das necessidades do caso concreto [...] O direito à morte digna consiste em respeitar a autonomia do indivíduo, sua personalidade, seus valores, sua concepção de vida e morte, que nada mais é do que a etapa

> conclusiva do fenômeno chamado vida. (MABTUM e MARCHETTO, 2015, p. 61)

Não seria forçoso afirmar que há seis fases de existência da vida de um indivíduo humano, sem que com isso, tenha que ser citado alguma obra de terceiros, uma vez que se trata de uma afirmação empírica.

As seis fases de existência são: **A não existência**, ou seja, todo o período em que aquele individuo não existiu; **o período de gestação**, que é a fase de formação em que a vida intrauterina se prepara para uma vida independente, extrauterina; **o nascimento**, momento único, que conforme vimos se dá no momento da primeira respiração; **a vida** propriamente dita, todo o período em que o indivíduo possui personalidade jurídica; **período de falecimento**, fase que faz parte da vida, mas que se caracteriza por ser o momento final, em que as funções do corpo começam a falhar por esgotamento causado pela idade ou por alguma enfermidade, esse período pode durar poucos dias ou alguns anos.

Vale destacar que nem todos passam por esse momento, haja vista que há aqueles que sofrem mortes súbitas. **A morte**, cujo inicio é caracterizado pelo fim das atividades cerebrais, isto é, a morte encefálica.

Apesar de não ser possível dialogar sobre a existência de uma fase após a morte sem adentrar em assuntos metafísicos, a honra e a vontade manifestada em vida daquele que já faleceu, continua sendo respeitada. São exemplos do que se acaba de afirmar a tipificação do crime de Destruição, subtração ou ocultação de cadáver (artigo 211 do Código Penal), o crime de vilipêndio a cadáver (artigo 212), possibilidade de reparação por danos morais *post mortem*, o respeito ao testamento, entre outros, portanto.

Conforme dispõe o caput do artigo 5º da CRFB, a Sociedade e o Estado garantirá aos brasileiros e estrangeiros residentes no país (ou não necessariamente), a **inviolabilidade** do direito à vida.

Nesse momento é imperioso trazer o significado da palavra "violação". Conforme o Dicionário online Michelis, é "Desrespeito ao direito alheio" (MICHAELIS, 2018).

Pois bem, tal dispositivo pode levar a duas conclusões: A primeira, o Direito à morte vem para efetivar o direito à vida, uma vez que confere dignidade no momento da vida em que o individuo não pode continuar se mantendo com dignidade alguma. Portanto, não há violação.

Ora, pode-se conceber que respeitar a vida é deixar que um indivíduo que passa por um processo doloroso e irreversível de morte possa falecer (omissão), ou mesmo, provocar a morte desse sujeito, desde que com seu consentimento, visando lhe trazer alívio (comissão).

O ser humano aspira a felicidade, este é seu objetivo. Preservar a vida é um instinto que busca a felicidade. Se o sujeito faz a opção por sua morte é porque não enxerga que a vida possa lhe oferecer a mínima felicidade. Portanto, quando opta pela morte é sua última ação que visa buscar a felicidade causada pelo alívio da dor.

A segunda conclusão possível é de que o direito à morte não é compatível com a regra do artigo 5º da CRFB, contudo que deve ser respeitado o postulado normativo da razoabilidade diante o conflito horizontal da norma – a inviolabilidade da vida – e o princípio – dignidade da pessoa humana.

Explica-se, conforme dispõe Humberto Ávila, a norma jurídica é dotada de regras (dimensão comportamental), princípios (dimensão finalistica) e postulados normativos (dimensão metódica) (ÁVILA, 2008, p. 69).

Assim, levando em consideração essa divisão da norma jurídica, a parte do dispositivo constitucional do artigo 5º da CRFB traz como regra a inviolabilidade da vida, e como princípio, a dignidade da pessoa humana.

Há portanto, um conflito horizontal entre o princípio e a regra. Conforme já exposto em tópico específico, há doutrinadores que entendem que quando o princípio e a regra de mesma hierarquia convergem, deve ser preservado o princípio, vez que ele exprime a finalidade buscado pelo Ordenamento Júridico.

Contudo, Humberto Ávila diverge desse entendimento, afirmando que:

> "[...] se as normas forem de mesmo nível hierarquico, e ocorrer um autêntico conflito, deve ser dada primazia à regra." (ÁVILA, 2008, p. 105).

Contudo, o autor vislumbra uma hipótese plausível para atribuir prevalência do princípio em detrimento da regra:

> "A única hipótese aparentemente plausível de atribuir "prevalência" a um princípio constitucional em detrimento de uma regra constitucional seria a de ser constatada uma razão extraordinária que impedisse a aplicação da regra. Por exemplo, a existência de um conflito entre o princípio da dignidade humana e a regra que estabelece ordem de pagamento dos precatórios. Nesse caso, porém, a regra deixaria de ser aplicada porque existiria uma razão extraordinária que impediria sua aplicação, tendo em vista o postulado da razoabilidade." (ÁVILA, 2008, p. 105).

Assim, haja vista que trazer alívio do sujeito que suplica pela morte além de efetivar sua dignidade, não traz dano algum à sociedade. Entendimento contrário é passível de causar mais prejuízo que benefício, *more harm than good.* (ÁVILA, 2008, p. 116).

Com isso, tem-se que o interprete da lei, deve utilizar do postulado normativo razoabilidade em sua conclusão. Devendo respeitar e priorizar o princípio da dignidade da pessoa humana e reconhecer o direito à morte digna.

Com relação à morte propriamente dita, hoje é possível identificar as diferenças de uma célula com vida e uma célula morta. Sobre o assunto, leciona Reinaldo Ayer de Oliveira, professor de bioética da Faculdade de Medicina da Universidade de São Paulo:

> A integridade da membrana celular, o metabolismo energético e a síntese de proteínas compõem um sistema de manutenção da vida, e a integração de todas as funções celulares pode ser chamada de vida. Portanto, morte é a desintegração desse sistema – a necrose celular (OLIVEIRA, Org.2015, p. 123).

Contudo, o momento em que há a transição da vida para a morte que gera uma série de incertezas e abre brecha a várias interpretações. A morte era diagnosticada utilizando-se como parâmetro, as funções vitais (CROCE, 2012, p. 1.093). O individuo que cessasse suas funções cardiorrespiratórias de forma total e permanente era considerado morto. Não obstante, inviável seria manter esse parâmetro, uma vez que a ciência médica avançou possibilitando a reanimação cardiorrespiratória, seja com o uso do desfibrilador ou com o uso de outro método, possibilitou também o transplante de órgãos, inclusive o coração, viabilizando outras formas de manter a vida, mesmo que tenha havido parada cardiorrespiratória, gerando outra forma de abordar a morte.

Diante dessa situação, foi apresentado na década de 70 pelo Comitê sobre Morte Cerebral de Universidade de Harvard, o critério de identificação da morte pelo fim das atividades cerebrais, ou seja, caracterizada "pela cessação da atividade elétrica do cérebro, tanto na cortiça quanto nas estruturas mais profundas, pela persistência de um traçado isoelétrico, plano ou nulo," (CROCE, 2012, p. 1.093), definição esta, que sofreu alguns ajustes em alguns países como os do Reino Unido (critério de Minnesota), sendo considerada a morte, a ausência irreversível das atividades celulares no tronco cerebral, uma vez que a região do tronco cerebral é a responsável por várias atividades importantes, inclusive é a região que controla o centro respiratório. (HOLLAND, 2008, p. 99-101)

No Ordenamento jurídico Brasileiro o parâmetro utilizado é a morte encefálica, causada pela cessação por completo e de forma irreversível de toda atividade cerebral, causa em que é aberta a sucessão e é possível a retirada de órgãos para transplante. (SCALQUETTE, 2015, p.11)

Nesse sentido dispõe o *caput* do artigo 3º da Lei nº 9.434/1997 que trata sobre a remoção de órgãos, tecidos e partes do corpo humano para fins de transplante e tratamento:

> Art. 3º A retirada post mortem de tecidos, órgãos ou partes do corpo humano destinados a transplante ou tratamento deverá ser precedida de diagnóstico de morte encefálica, constatada e registrada por dois médicos não participantes das equipes de remoção e transplante, mediante a utilização de critérios clínicos e tecnológicos definidos por resolução do Conselho Federal de Medicina.

Para que a morte encefálica possa ser caracterizada, deve ser constatado o coma aperceptivo com ausência de atividade motora supraespinal e apneia, conforme artigo 4º da

Resolução nº 1.480/97 do Conselho Federal de Medicina:

> Art. 4º. Os parâmetros clínicos a serem observados para constatação de morte encefálica são: coma aperceptivo com ausência de atividade motora supra-espinal e apnéia.

Em caso de pessoa não doadora de órgãos, o suporte terapêutico deve ser interrompido em caso de constatação de morte encefálica, de acordo com o artigo 1º da Resolução nº 1.826/07 do Conselho Federal de Medicina:

> Art. 1º É legal e ética a suspensão dos procedimentos de suportes terapêuticos quando determinada a morte encefálica em nãodoador de órgãos, tecidos e partes do corpo humano para fins de transplante, nos termos do disposto na Resolução CFM nº 1.480, de 21 de agosto de 1997,

na forma da Lei nº 9.434, de 4 de fevereiro de 1997.

Contudo, o parâmetro de cessação total das atividades cerebrais para que possa ser caracterizada a morte de um indivíduo é passível de controversa, uma vez que pode causar terríveis violações à dignidade da pessoa humana. Isto, pois, o cérebro é formado por diversas partes que possuem controle de funções especificas no corpo humano. Stephen Holland dialoga:

> Embora isso seja muito rudimentar, pensemos no cérebro como dividido horizontalmente. A parte superior é responsável pela consciência e por outros aspectos de nossa vida psicológica; a parte inferior é responsável por nossas funções fisiológicas, como a respiração. Consideremos casos de pacientes em estado vegetativo persistente e de bebês anencéfalos e com morte do córtex cerebral. A parte superior

de seus cérebros não funciona. As partes do cérebro necessárias à consciência também estão ausentes (nos casos de anencefalia) ou irreversivelmente danificadas nos pacientes em estado vegetativo persistente e nos pacientes com morte cortical). Portanto, eles não estão apenas atualmente inconscientes; na verdade, eles não possuem a capacidade de ter consciência. Mas a parte inferior dos cérebros de tais pacientes funciona. Por conseguinte, eles apresentam (certo grau de) funcionamento fisiológico autônomo e integrado. Eles podem respirar sem auxílio, podem transpirar e digerir alimentos, por exemplo. Tais pacientes estão vivos ou mortos? (HOLLAND, 2008, p. 102 e 103)

Juridicamente é inquestionável, a morte da parte superior do cérebro, também chamada de morte neo cortical, não é suficiente para que o sujeito seja considerado morto. A questão é, será que considerar pacientes em tais situações não estaria violando o princípio da dignidade da pessoa humana? Atualmente, por uma leniência do legislativo em criar leis que reconheçam a morte de pessoas nessas condições de morte cerebral parcial que impossibilita permanentemente a consciência, impossibilita que o individuo possua uma vida digna assim como as outras demais pessoas, portanto, viola além da dignidade da pessoa humana, o direito à vida e a própria isonomia.

Ora, considerando que a personalidade civil começa com o nascimento com vida (artigo 2º do Código Civil), e termina com a morte ou aos ausentes, nos casos em que a lei autorizar (artigo 6º do Código Civil), considerando ainda que, o indivíduo diagnosticado com morte neo cortical não poderá nunca mais exercer seus direitos de liberdade e vida digna, questiona se, há ainda efetivamente personalidade jurídica o sujeito nessas condições?

Entende-se que considerar a morte neo cortical como um elemento caracterizador do fim da vida humana, além de respeitar o princípio da dignidade da pessoa humana e os direitos de personalidade, aumentaria o número de transplantes de órgãos e tecidos, salvando a vida de quem potencialmente tem chances de ter uma vida digna.

Nessa linha, Schopenhauer, citado por Stephen Holland, afirma que "a morte em si consiste meramente no momento em que a consciência desaparece" (SCHOPENHAUER apud HOLLAND, 2008, p. 114).

A morte e a forma digna de morrer, talvez mais antes do que agora, foram assuntos importantes, previstos nos Ordenamentos Jurídicos dos mais diversos povos, nos mais remotos tempos, que de uma forma ou de outra, respaldados pela percepção de dignidade da época, dispunham de formas procedimentais de tratamento da morte. A esse respeito Hildegard Taggesell Giostri relata que:

> Platão, no terceiro livro da **República**, sugeria o estabelecimento de uma disciplina e jurisprudência no Estado para proteger os cidadãos sãos de corpo e de alma, já que o entendimento era de que se devia deixar morrer os que não eram sãos de corpo. Na ilha de Cós, onde nasceu Hipócrates, os idosos eram convidados para um festim, durante o qual a última taça que lhes era ofertada continha veneno. Os celtas, outrotra, quebravam o crânio de seus moribundos com um malho abençoado. Na Sardenha, competia ao filho matar o pai doente. (GIOSTRI, 2012, p. 155)

Conforme disserta Ariés, na idade média, a morte desejada era aquela em que os familiares estavam por perto, com despedidas e elaboração do testamento, por outro lado, a morte temida era aquela em que o individuo estivesse sozinho, a morte súbita (ARIÉS, 1977, p. 23). Todavia, bem diferente dessa visão, nos dias atuais, a morte temida é aquela de forma lenta e sofrida, isto é, causada decorrente da evolução cientifica na medicina, em que a morte pode ser retardada, mas tal fato não significa que a vida será saudável e digna.

Leo Pessini aponta sobre a existência de dados dos Estados Unidos que revelam que mais de 50% (cinquenta por cento) dos pacientes com câncer terminal, tiveram que suportar extremo sofrimento físico, cujo alívio se deu ou com a sedação ou então quando este finalmente faleceu. Além disso, ficou constatado pelo Instituto de Medicina que 40% (quarenta por cento) a 80% (oitenta por cento) dos pacientes com doença terminal alegam que o cuidado médico na verdade causa dores e sofrimentos mais prolongados (PESSINI, 2007, p. 203 e 204).

Maria Julia Kovács, relata que em 1995, foi realizado o estudo denominado "Study to understand prognosis and preferences for outcomes and risk of treatment (SUPPORT)", que durante quatro anos, visando obter informações sobre pacientes em estágio de terminalidade e os familiares, acompanhou nove mil pacientes de cinco hospitais de ensino dos Estados Unidos, a fim de verificar o motivo do sofrimento na situação da morte. A pesquisa apurou que 55% (cinquenta e cinco por cento) dos pacientes se manteram conscientes nos três dias ultimos dias de vida, 40% (quarenta por cento) se queixavam de insuportáveis dores, 80% (oitenta por cento) reclamavam de exaustão, 63% (sessenta e três por cento) afirmaram ter dificuldade para lidar com o sofrimento físico e emocional ligado ao agravamento da doença e com o estágio final da vida, 20% (vinte por cento) dos pacientes morreram nas UTI's. Dos que dali saiu, 76% (setenta e seis por cento) afirmam que tiveram muita sede, 76% (setenta e seis por cento) reclamaram de desconforto. Com isso, a partir desses números, possível concluir que a terminalidade da vida pode ser extremamente sofrida, principalmente quando forçada a vida (KOVÁCZ, 2008, p. 462).

Nesse sentido, o Índice de Envelhecimento (IE)[6], realizado pelo Instituto Brasileiro de Geografia e Estatística – IBGE, aponta que a população brasileira tem uma perspectiva de vida crescente, ou seja, se vive e se viverá mais, porém a questão é: Será que a população viverá bem? E se a velhice trouxer doenças extremamente dolorosas que matam aos poucos, é realmente ético não abreviar a vida deste sujeito, com o objetivo de atender suas suplicas por liberdade do sofrimento?

A resposta que dá o direito à morte é justamente no sentido de que a tecnologia médica deve ser usada com a finalidade de garantir uma vida digna, com saúde, minimizando ao máximo a dor e o sofrimento,

---

[6] IBGE – **Instituto Brasileiro de Geografia e Estatística.** Disponível na Internet via<http://www.ibge.gov.br/apps/populacao/projecao/>. Acesso em 01 de Nov. de 2017.

caso não seja possível conseguir isso, a medicina deve estar preparada para possibilitar que o individuo tenha uma morte digna se assim ele desejar, ou se não puder exprimir sua vontade, se a família assim optar, desde que haja uma análise e parecer de uma junta médica, para que então o judiciário possa autorizar a morte.

Gráfico 1 – Índice de envelhecimento (IE) 2000-2030

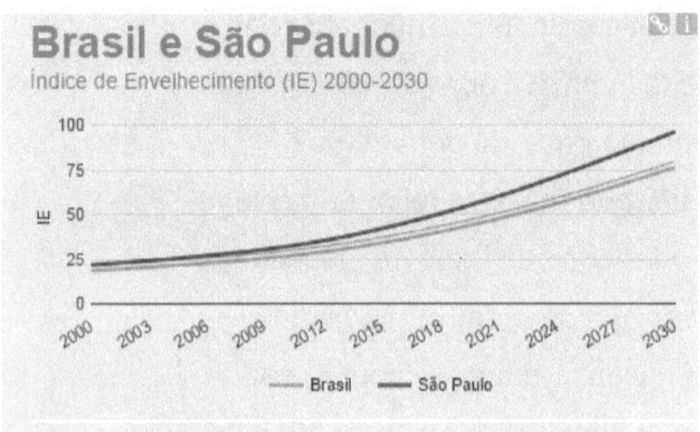

Fonte: IBGE (2017)

A respeito da conduta médica na antiguidade, o professor americano Darrel W. Amundsen destaca que:

> [...] Eu não posso lidar aqui adequadamente com as várias questões que afetam a disposição do médico antigo de assumir casos perigosos ou sem esperança. No entanto, estou confiante de que, embora as atitudes variadas, geralmente um médico que prolongou, ou tentou prolongar a vida de um homem que não poderia finalmente recuperar a sua saúde, foi visto como agindo de forma antiética. (AMUNDSEN, 1978, p. 26)[7]

Assim, respaldados pelo conceito atualmente conquistado de dignidade da pessoa

---

[7] AMUNDSEN, Darrel W. **The physician's obligation to prolong life: a medical duty without classical roots.** Hastings Center Report, V. 8, n. 4, p. 26. 1978. Texto original: "[...] I cannot here deal adequately with the sundry issues that impinge upon the ancient physician's willingness to take on dangerous or hopeless cases. I am, however, confident that, althought attitudes varied, generally a physician who prolonged, or attempted to prolong, the life of a man who could not ultimately recover his health was viewed as acting unethically."

humana, o direito à morte deve ser construído e inserido no Ordenamento Jurídico, enquadrando-se nas necessidades atuais, diante dos problemas que a sociedade moderna enfrenta.

O direito à morte, apesar de aparentemente ter se ofuscado nos diversos ordenamentos jurídicos ao longo do tempo, nas ultimas décadas, vem sido reconhecido em diversos países, que possibilitam algumas formas de garantir esse direito.

Em 1984, a Suprema Corte da Holanda, decidiu pela descriminalização da pratica eutanasica, que em certas situações, poderia invocar em sua defesa o estado de necessidade que excluiria a sua ilicitude.

A partir de então, a eutanásia começou a ser mais frequente e aceitável para o país, ensejando então, em 11 de abril de 2001, a promulgação da Lei que dispõe sobre a cessão da vida a pedido e a morte assistida, se tornando a primeira Lei que legaliza a prática da eutanásia e da morte assistida.

Contudo, para fazer jus ao direito à morte, o país exige que o individuo que pleiteia o direito, esteja em situação de total lucidez e capacidade de decidir de forma autonômica, portador de doença incurável e sofrimento insuportável, não necessariamente em estado terminal.

O pleito deve ser expresso, próprio e voluntário, isto é, não admite que o pedido seja feito por familiar em caso de não lucidez do enfermo. Adolescentes entre 12 e 16 anos precisam do consentimento dos responsáveis. O pleito é destinado a um médico que analisará o quadro clínico do paciente, devendo apurar se há cura para sua enfermidade, então um segundo médico ratifica se o paciente cumpre com todos os requisitos e então a eutanásia ou morte assistida é praticada da maneira mais apropriada para o caso. (PESSOA, 2011, p. 118)

Em 2002, na Bélgica, foi promulgada uma Lei que permite a eutanásia sob as mesmas condições que a legislação Holandesa, com a diferença que menores de 18 anos estão impedidos de pleitear o direito. (PESSOA, 2011, p. 120).

O Artigo 37 do Código Penal Uruguaio[8] prevê que, em casos que sejam constatados que aquele que, com bons antecedentes, retirou a vida do outro, atendendo a reiterados pedidos da vítima, comete o denominado homicídio piedoso e tem, por isso, perdão judicial. Quase no mesmo sentido é a Lei Peruana, em que a eutanásia praticada com boa intenção, causada por justo motivo e de forma indolor, também

---

[8] "Artigo 37. (Del homicidio piadoso) Los Jueces tiene la facultad de exonerar de castigo al sujeto de antecedentes honorables, autor de un homicidio, efectuado por móviles de piedad, mediante súplicas reiteradas de la víctima." URUGUAI. Lei 9414, de 29 de junio de 1934 (Código Penal) Disponível na internet via < https://www.ufrgs.br/bioetica/penaluru.htm > Acesso em 02/02/2017.

possui perdão judicial (HRYNIEWICZ, 2008, p. 137).

A Suíça permite o suicídio assistido. Na Espanha, no ano de 2000, foi promulgada Lei que regulamenta sobre o testamento vital (Ley Catalana). Na França, desde 2005, é possível a limitação consentida de tratamento (BARROSO, 2010, p. 246).

Na Colômbia, por seis votos favoráveis e três contrários, a Suprema Corte daquele país, decidiu pela exclusão da ilicitude em casos de médicos que praticassem a eutanásia voluntária passiva, em que o paciente pede pela retirada de mecanismos de sustentação da vida ou pela negativa de tratamentos. A memorável decisão, segundo Débora Diniz, é um dos documentos mais relevantes sobre eutanásia, contando com 150 laudas (DINIZ, 2006, p. 160-163), A respeito desse caso, Laura Scalldaferri Pessoa afirma que:

[...] Outro ponto interessante da sentença colombiana é o reconhecimento da eutanásia como uma prática homicida. O texto oficial e seus desdobramentos, ao invés de temerem a expressão "homicídio", enfrentam-na em todos os seus limites. A sentença tornou-se, portanto, uma compilação de argumentos jurídicos, filosóficos e bioéticos que defende o direito à vida e reforça o papel do estado democrático na sua manutenção, mas reconhece, também, uma possibilidade em que este direito à vida não pode ser absolutizado. Admite-se, portanto, a sacralidade da vida, mas não sua intocabilidade ou, mais apropriadamente, sua santidade. Os magistrados que se pronunciaram por ocasião da sentença transferiram a discussão dos limites do uso da autonomia individual para o campo da solidariedade, com argumentos baseados na dignidade humana, no respeito ao sofrimento ou mesmo na piedade, pois, no seu entender, a simples referência à autonomia individual não seria

> justificativa suficiente para a não-penalização de um homicídio. O resultado jurídico desta substituição de argumentos – da autonomia individual pela solidariedade coletiva – foi a legitimação, da ação do médico como o "sujeito ativo" da eutanásia. (PESSOA, 2011)

Nos Estados Unidos, um importante precedente conhecido como o caso *Vacco versus Quil,* proposto pelo promotor o Dr. Thimothy E. Quill, alguns médicos e três pacientes gravemente doentes que, mais tarde, vieram a falecer, a pretensão dos Autores era a declaração de insconstitucionalidade da Lei do estado de Nova Iorque que proíbe a eutanásia.

O argumento utilizado pelo promotor era de que a proibição da eutanásia feria o processo legal e a garantia da igual proteção das leis conforme preceitua a emenda nº XIV da Constituição Norte Americana. A decisão da Máxima Corte entendeu que a Lei de proibição da eutanásia do estado de Nova Iorque não possui o condão de causar qualquer distinção entre os cidadãos.

A decisão ainda fez a distinção entre "recusa do tratamento salva vidas" e "morte assistido", afirmando que apesar da morte assistida não ser permitida, uma vez que é inadmissível o médico auxiliar, apressar ou causar a morte de um paciente, deve ser respeitada a autonomia de a pessoa humana decidir sobre sua própria vida, podendo assim, qualquer pessoa com plena capacidade mental, pode recusar ao tratamento médico.[9]

Além disso, imperioso apontar que há casos de personagens famosos que, torturados por suas condições de saúde, optaram pela morte. É o caso, por exemplo, do Austríaco Sigmund Freud. Freud sofria de câncer,

---

[9] Corte Norte Americana. **Vacco versus Quill Oyez**. Disponível na Internet via < https://www.oyez.org/cases/1996/95-1858> Acessado em 02/02/2017.

provavelmente causado por seu vício em charutos.

Em 21 de Setembro de 1939, procurou seu amigo e médico, Max Schur, para lhe aplicasse doses altas de morfina, com a finalidade de se ver livre daquele sofrimento:

> 'Meu querido Schur, certamente se lembra de nossa primeira conversa. Daquela vez prometeu não me abandonar quando o momento chegar. Agora, só resta a tortura, que já não faz sentido'. Schur acrescenta: 'Tudo isso foi dito sem sentimentalismo nem autocompaixão e com plena consciência da realidade'. Uma pequena dose de morfina fechou-lhe a ferida que sangrava e o mergulhou em um 'sono pacífico'. Em 23 de setembro de 1939, às três da madrugada, parte Sigmund Freud e nos deixa o legado de continuar a sua luta contra a dor da existência. (FREUD, 2013, p. 59)

Há que se destacar ainda que não se deve confundir **direito à morte** com **pena de morte**, uma vez que são institutos totalmente diferentes, o primeiro reconhece e é pautado na dignidade da pessoa humana, o segundo viola totalmente este princípio. "A pena de morte não se apoia, assim, em nenhum direito." (BECCARIA, 2015, p. 56).

Assim, consoante ao exposto no inicio do presente tópico, tem se como necessário a positivação do direito à morte no rol dos direitos fundamentais do artigo 5º da Constituição, uma vez que tal previsão se faz importante para dar efetividade ao princípio da dignidade da pessoa humana e assim, garantir o cumprimento do direito à vida, à liberdade e à saúde da pessoa humana.

CAPÍTULO VII
DAS FORMAS DE GARANTIR O DIREITO À MORTE

Conforme exposto no tópico anterior, a positivação do direito à morte no rol dos direitos fundamentais do artigo 5º da Constituição vem justamente ao socorro da dignidade da pessoa humana, bem como tem característica pacificadora dos conflitos que os direitos advindos do desse princípio possam apresentar.

Contudo, como nenhum direito é e deve ser absoluto, o direito à morte não poderia ser diferente. Então, objetivando a efetividade desse direito, em sua exata proporção equilibrada, o presente tópico visa apresentar as diferentes formas de garantir o cumprimento do direito à morte, para que então, seja possível verificar a possibilidade da inserção deles no Ordenamento Jurídico pátrio.

7.1 Da Morte Assistida

Apesar de não ser pacífico o entendimento doutrinário, a Morte assistida é um termo que integra o conceito de "eutanásia" e "suicídio assistido"[10], que apesar de sugerirem

---

[10]"A expressão "morte assistida" é também usada para englobar as duas modalidades em que se traduz o ato de acelerar a morte de alguém em sofrimento atroz e padecendo de doença grave e incurável: a eutanásia ativa e o suicídio assistido. A linha que separa essas duas formas de provocar a morte de uma pessoa em tais condições é, no entanto, muito ténue. Talvez por essa razão, algumas legislações não as distinguem uma da outra tratando-as no mesmo enquadramento jurídico-penal." PORTUGAL. Assembléia da

ser parecidos, possuem uma distinção com relação ao sujeito que causa a morte.

Isto, pois, na eutanásia em sentido estrito, conforme será exposto a seguir, a morte é causada por uma ação praticada por um profissional da saúde, ou qualquer outra pessoa, ou seja, é um terceiro que causa a morte. Por outro lado, tem se que suicídio assistido, conforme o nome mesmo já indica, do latim *sui* = auto e *cidium* = assassínio (SANTOS, 2011, p. 10), o paciente causa a própria morte de forma direta e intencional, com auxílio de terceiros, ingerindo ou injetando medicamentos letais (MABTUM, 2015, p. 65).

República. **Eutanásia e Suícidio Assistido. Legislação Comparada.** Coleção Temas nº 60. 2016. p. 9. Disponível na Internet via < http://www.eurel.info/IMG/pdf/eutanasia_suicidio_assistido__ar _portugal.pdf> Acesso em 18/02/2017.

7.1.1 Da Eutanásia

O termo "eutanásia" foi esculpido pelo Visconde Inglês, Francis Bacon, que uniu duas palavras de etimologia grega; o prefixo "eu" que significa "boa" e o sufixo "tanásia" que vem da palavra "thanatos" que significa "morte". Assim, o sentido literal de "eutanásia" é "boa morte" (GIOSTRI, 2012, p. 157). Desse entendimento compartilha e acrescenta o emblemático jurista e político espanhol, Luis Jiménez de Asúa quando leciona que "Eutanásia significa 'boa morte', mas em sentimento mais próprio e estrito é a que outro proporciona a uma pessoa que padece uma enfermidade incurável ou muito penosa, e a que tende a truncar a agonia excessivamente cruel ou prolongada." (ASÚA, 2003, p. 30).

Contudo, a ideia da eutanásia tomou rumos diferentes do inicialmente proposto, adquirindo uma conotação negativa no período da Segunda Guerra Mundial, quando em Outubro de 1939, o Partido Nazista promulgou uma lei chamada *Aktion T4*, que a partir de um programa do governo, sob a ideia da eugenia, isto é, construir uma sociedade com uma genética "pura", deu inicio a um movimento de eliminação de vidas "que não valiam a pena ser vividas", levando a morte de mais de 100 (cem) mil pessoas (BATISTA, 2017).

Ocorre que, na verdade, a ideia de eutanásia praticada pelo Partido Nazista, não era de fato eutanásia, uma vez que a eutanásia autentica se baseia no princípio da dignidade da pessoa humana, quanto que, bem diferente disso foi o que aconteceu na Alemanha, que acabou contribuindo para o preconceito ou receio social das praticas eutanásicas.

O que se viu ser aplicado na Alemanha é o que se pode chamar de Eugênia, ou mistanásia (do grego Mys = "infeliz"; thanatos

="morte"). A mistanásia, também denominada como "eutanásia social", "é caracterizada pela morte provocada por problemas de infraestrutura da saúde pública, que atinge direta e conscientemente a parcela mais pobre da população, que menos tem acesso a adequados recursos." (PESSINI, 2007, p. 338).

A respeito da definição de Eugênia e sua distinção com eutanásia, Maria Celeste Cordeiro Leite Santos explica:

> A eutanásia e a eugenia são temas correlatos, na medida em que esta, com o pretexto de selecionar, propuser o extermínio "legal" de seres humanos. Os autores que se ocupam do tema apontam inúmeros casos e citam costumes reinantes e m certas sociedades, por meio dos quais a eutanásia eugênica era efetivada. É necessário esclarecer, porém, que a morte aí dada, com características eutanásicas, não passava de eugenia, posto que, faltava e m todos os casos o

consentimento das vítimas. Os hindus que atiravam no Rio Gangés os enfermos incuráveis após receberem um pouco da lama sagrada na boca e no nariz, os celtas e brâmanes que matavam ou abandonavam crianças deformadas e velhos, os espartanos que matavam os doentes, o faziam não a pedido das vítimas, mas no interesse do Estado. Essas pessoas eram um obstáculo ao enriquecimento da comunidade e uma carga inútil para os familiares. Nada havia de humanitário nesse procedimento. A proposição de Thomas Morus, em sua obra Utopia, segundo a qual os magistrados deveriam cuidar para que os incuráveis se deixassem morrer, são práticas, na verdade, eugênicas. A eugenia foi criada por Francis Galtón, em 1883, que definiu como "o estudo dos meios que sob o controle social podem melhorar ou deteriorar física ou intelectualmente a qualidade das raças nas gerações futuras" A eugenia resulta da pretensão estatal, que remonta à antigüidade, segundo a qual

> promover-se-ia a seleção e aprimoramento da espécie humana. Posto o problema e estabelecida a distinção entre esta e a eutanásia, à luz do Direito esta deve ser encarada como crime de homicídio e, quiçá, até como modalidade qualificada desse delito. (SANTOS, 2017, p. 270).

Por muito tempo, o termo "eutanásia", foi empregado de forma a contemplar uma série de condutas, omissivas e comissivas, todas visando a morte digna do ser humano. Porém, ao longo do tempo, o conceito acabou sendo funilado e, hoje, somente engloba a forma ativa da eutanásia (*stricto sensu*). (BARROSO, 2010, p. 238).

Portanto, possível concluir que, há uma definição do termo em *lato sensu* e outra em *stricto sensu*. A eutanásia, em sentido amplo, abrange algumas modalidades de distinções. Quanto ao ato eutanásico tem-se a: **eutanásia ativa**, **eutanásia passiva** e a **eutanásia de**

duplo efeito; Quanto ao consentimento do enfermo temos a **eutanásia voluntária**, a **eutanásia involuntária** e a **eutanásia não voluntária**.

O ato eutanásico pode se dar pela conduta de "abreviar a vida" ou de "deixar morrer", a primeira corresponde à **eutanásia ativa**, também chamada de eutanásia direta, positiva (PESSINI, 2004, p. 285). Nas palavras de Rodrigo Siqueira Batista e Fermin Roland Schramm a eutanásia ativa é o "ato deliberado de provocar a morte sem sofrimento do paciente, por fins humanitários (por exemplo, utilizando uma injeção letal)" (BATISTA, 2017).

Eutanásia passiva ou por omissão, corresponde a ideia da não disponibilização de meios ordinários e cuidados básicos que garanta a perpetuação da sobrevida, como por exemplo, a não reanimação cardiorrespiratória (BATISTA, 2017).

A **eutanásia de duplo efeito**, por sua vez, conduz a ideia de um aceleramento da morte, causada pelo uso consciente de determinados medicamentos que, visam aliviar a dor física. (SANTOS, 2017, p.8)

Com relação ao consentimento, tem-se a **eutanásia voluntária**, em que há consentimento do paciente em sua morte; a **eutanásia involuntária**, quando a morte é causada ao oposto da vontade do paciente e; a **eutanásia não voluntária**, quando, o paciente encontra-se incapacitado de exprimir a sua vontade (HOLLAND, 2008, p. 120). Tais conceitos quanto ao consentimento podem ser aplicados aos outros mecanismos de efetivação da morte digna como um direito, conforme será demonstrado por meio de um quadro síntese constante no item 7.3. do presente estudo.

Reforça-se, enquanto o conceito de eutanásia em *Lato sensu*, contempla todas essas formas que se acaba de expor, há que se destacar que a eutanásia em *stricto sensu,* é caracterizada apenas pela forma ativa de eutanásia.

Por oportuno, importante salientar que apesar de não haver qualquer previsão expressa a respeito da eutanásia como fato tipificado, a eutanásia em *stricto sensu,* acaba se enquadrando na hipótese de homicídio privilegiado, prevista no §1º do artigo 121 do Código Penal:

> Art. 121. Matar alguém:
>
> § 1º Se o agente comete o crime impelido por motivo de relevante valor social ou moral, ou sob o domínio de violenta emoção, logo em seguida a injusta provocação da vítima, o juiz pode reduzir a pena de um sexto a um terço.

Assim, apesar da eutanásia não ser expressamente um fato típico, por não conter *nomen juris*, esta é acolhida pelo §1º do artigo

121 do Código Penal por ser uma conduta levada por motivo de relevante valor moral. Vale ressaltar que o Código Penal brasileiro foi promulgado em 1940, quando a realidade política, social e os avanços tecnológicos da ciência médica eram diferentes da realidade atual, em que as pessoas possuem uma estimativa de tempo de vida maior, mas que a qualidade não acompanha (vide tópico 6).

Insta salientar que esta em tramite no Congresso Nacional o Projeto de Lei do Senado nº 236/2012[11], proposto por José Sarney, em que prevê, em seu Anteprojeto, a tipicidade da eutanásia no artigo 122:

> Art. 122. Matar, por piedade ou compaixão, paciente em estado terminal, imputável e maior, a seu pedido, para abreviar-lhe sofrimento físico insuportável em

---

[11] BRASIL, **Anteprojeto do Novo Código Penal**. Disponível na internet via < http://www.senado.gov.br/atividade/materia/getPDF.asp?t=110 444&tp=> Acesso em 10/09/2017.

razão de doença grave: Pena – prisão, de dois a quatro anos.

§ 1º O juiz deixará de aplicar a pena avaliando as circunstâncias do caso, bem como a relação de parentesco ou estreitos laços de afeição do agente com a vítima. Exclusão de ilicitude

§ 2º Não há crime quando o agente deixa de fazer uso de meios artificiais para manter a vida do paciente em caso de doença grave irreversível, e desde que essa circunstância esteja previamente atestada por dois médicos e haja consentimento do paciente, ou, na sua impossibilidade, de ascendente, descendente, cônjuge, companheiro ou irmão.

Apesar de constar no anteprojeto a expressa tipicidade da eutanásia, seu §1º parágrafo estabelece que o juiz, ao analisar o caso concreto, poderá deixar de aplicar a pena, tendo em vista a relação de parentesco ou estreitos laços de afeição do agente com o enfermo. Contudo, há que se tomar cuidado com as consequências da aludida falta de responsabilização, haja vista que estabelecer a proibição à eutanásia em sua forma ativa, deixa também de prever a melhor forma de aplicação, fazendo com que parentes e pessoas próximas à vitima, por sentimento de piedade, a fim de trazer cessação ao sofrimento de seu ente querido, possa provocar a morte deste, sem, contudo, por falta de conhecimento técnico, sem intenção, pode provocar sofrimento a este, pela técnica tida como eutanásica escolhida.

A eutanásia ativa é permitida em outros países como na Bélgica. Porém, para que possa ser autorizada legalmente a aplicação eutanásica, o caso concreto deve preencher alguns requisitos, e há uma razão de ser, o que se pretende é assegurar o direito à morte da melhor forma possível, e só quando preenchido certos requisitos que há uma segurança maior sobre o prosseguimento do procedimento:

> [...] o médico que pratique a eutanásia não comete infração se ele se tiver assegurado de que: - O paciente é maior de idade ou menor emancipado capaz ou ainda menor de idade dotado de capacidade de discernimento e está consciente no momento do pedido; - O pedido é feito de forma voluntária e refletida, repetidamente, sem qualquer pressão externa; - O paciente encontra-se em situação médica sem saída e em sofrimento físico e/ou psíquico constante e insuportável sem possibilidade de ser aliviado, causados por lesão ou patologia grave e incurável; - Estão respeitadas as condições e procedimentos previstos na lei. Antes de tomar a decisão de praticar o ato, o médico deve: - Informar o paciente do seu estado de saúde e da sua esperança de vida, discutir com ele o pedido de eutanásia e recordar-lhe as possibilidades terapêuticas ainda possíveis, assim como as possibilidades oferecidas pelos cuidados paliativos e as suas consequências;[12] (PORTUGAL, p.17).

Por oportuno, vale destacar que a Bélgica é o primeiro pais do mundo a permitir a eutanásia para qualquer faixa etária. (SILVA, 2015)

O §2º do anteprojeto do Código Penal também prevê um caso de exclusão da ilicitude, no caso da ortotanásia, quando se decide pelo desligamento dos meios artificiais para manter a vida do sujeito que seja acometido de doença grave e irreversível, devendo tal quadro ser atestado por dois médicos, podendo ser consentido ou não consentido pelo paciente.

Maria Celeste Cordeiro Leite Santos, crítica à ordem de prioridade do rol de pessoas legitimadas a exarar o consentimento da ortotanásia, quando argumenta:

---

[12] PORTUGAL: Assembléia da República. Eutanásia e Suicídio Assistido. Legislação Comparada. Coleção Temas nº 60. 2016. p. 9. Disponível na Internet via < http://www.eurel.info/IMG/pdf/eutanasia_suicidio_assistido__ar _portugal.pdf> Acesso em 18/02/2017. p.17.

> Estranha-se, no que se refere ao rol das pessoas legitimadas a exarar o consentimento, na impossibilidade de o próprio paciente poder fazê-lo, que se tenha dado prioridade ao cônjuge em detrimento do companheiro. Isto porque inúmeros são os casos em que o casamento não foi formalmente desconstituído, mas qualquer de suas partes encontra-se vivendo maritalmente com outra pessoa. Além disto, há previsão constitucional no sentido de reconhecimento da união estável entre o homem e mulher como entidade familiar, para efeito de proteção do Estado (art. 226, § 3º), bem como recentemente foi elaborada lei que regulamenta o concubinato. Face a estes problemas, entende-se mais recomendável a substituição de "cônjuge, companheiro" por aquele que vive maritalmente com o paciente. (SANTOS, 2017 p. 269).

Assim, entende-se que a tipificação da eutanásia, que tem por objetivo regulamentar este instituto no ordenamento jurídico brasileiro, imputando o como crime, deve ser repensada antes da aprovação pelo Congresso.

7.1.2 Do Suicídio Assistido

Conforme explicado, a diferença entre a eutanásia e o suicídio assistido parte daquele que efetivamente provoca a morte do paciente. Enquanto a aplicação da eutanásia se da por uma ação ou omissão de terceiros, o suicídio assistido é ato praticado por aquele que deseja morrer de forma digna.

O suicídio assistido é cometido não necessariamente por aqueles que estão em fase terminal, mas, sobretudo aos que possuem doença causadora de intenso sofrimento com o condão de trazer uma morte lenta e dolorosa.

A esse respeito, há que se sublinhar que a doença sem perspectiva de melhora difere da doença terminal. Nesse ponto explica Leo Pessini que a doença tida como terminal se caracteriza quando, na sua evolução, o paciente não apresente quaisquer condições médicas de prolongar a sobrevida, encontrando-se em um processo de morte inevitável, devendo o médico limitar a sua intervenção em doenças terminais, apenas a fim de aliviar os sofrimentos físicos e morais do paciente. (PESSINI, 2007, p. 100)

No tocante a história e pensamento filosófico a respeito do suicídio, pode se constatar que:

> Na Antiguidade Clássica, na Grécia e em Roma, existia legislação sobre o suicídio. Este acto era proibido e considerado uma injustiça para a comunidade. No entanto, um indivíduo que se quisesse suicidar tinha de apresentar um pedido às autoridades, ou seja, ao Senado, explicando as suas razões. Se o pedido fosse atendido, o suicídio era considerado legítimo.

Pitágoras, no século VI a.C., rejeitou o suicídio com o fundamento de que somos os bens de Deus... e que sem a sua ordem não temos o direito de efectuar a fuga. Platão também o rejeitou porque o homem é um soldado de Deus e tem de permanecer no seu posto até que ele o chame. Para este filósofo, a morte só se devia aceitar quando ela chegasse, não se devia antecipar. No entanto, aceitava excepções, quando ordenado pelas autoridades, determinado por uma infelicidade extrema ou pela desonra pessoal. Aristóteles recusou o suicídio com base nos fundamentos cívicos de que o homem tem um dever para com o Estado. No entanto, os três filósofos aceitavam em casos de doença incurável. Sófocles, foi, possivelmente, o primeiro a aceitar o suicídio como remédio mais geral para as aflições da vida e a sua orientação foi entusiasticamente seguida por muitos estóicos. A partir de Santo Agostinho (354-430) começou a considerar-se o suicídio como uma usurpação da autoridade de

Deus e da Igreja. Santo Agostinho fundamenta a sua argumentação contra o suicídio no mandamento não matarás (Êxodo 20:13). Desta forma, o suicídio era por ele encarado como um pecado mortal, considerando que a pessoa que o executasse teria uma atitude indigna e seria desprezível. No entanto, Santo Agostinho acaba por aceitar o suicídio em caso de martírio. [...] Tanto Montaigne como Voltaire e Rousseau defenderam o suicídio nos casos em que existisse um motivo muito forte e justo. A justificação de Montaigne para a aceitação do suicídio foi de que 'a morte é um paraíso seguro, que já mais deve ser temido e que muitas vezes pode ser procurado.' Mostesquieu, defendeu o direito do homem a suicidar-se, escrevendo 'A sociedade está fundamentada sobre a conveniência mútua; quando se torna para mim incómoda, o que deve ou pode impedir-me de lhe renunciar?' É provável que o primeiro a estudar cientificamente o suicídio tenha sido Émile Durkheim, (1858 – 1917), que o

> definiu como sendo todo o caso de morte que resulta directa ou indirectamente de acto positivo ou negativo pela própria vítima, acto que a vítima sabia poder produzir este resultado. [...] Arthur Schopenhauer (1788-1860) foi um implacável crítico à atitude do seu tempo, sobretudo em Inglaterra, de considerar o suicídio um crime. Assim, para este, o suicídio não é um crime. Acontece quando o sofrimento atinge um ponto que faz desaparecer o natural terror pela morte. (SANTOS, 2011, p. 11-14) (sic)

Nos Estados Unidos, o médico Jack Kervokian, apelidado como "Doutor Morte", com cerca de trinta dólares americanos, construiu o protótipo de uma máquina de suicídio, em que o próprio paciente, pretendendo cometer o suicídio assistido, poderia acionar a maquina, injetando em sua veia uma solução salina e depois, tiopentato de sódio. A droga induz ao coma e o cloreto de potássio era injetado automaticamente para parar o coração do paciente. A estimativa era de uma morte rápida de três a quatro minutos (DECESARE, 2015, p. 7).

> O médico quis provocar as autoridades a prendê-lo, pensado que ganharia em tribunal e, desta forma, tornaria a eutanásia legal. Kerkovian, foi julgado e condenado a cumprir uma pena entre os dez a vinte e cinco anos de prisão. Apesar do suicídio em si mesmo não ser ilegal, ajudar uma pessoa a suicidar-se é um crime em muitos estados. Passados oito anos, saiu em liberdade condicional, com setenta e nove anos. No entanto, o juiz que concedeu a liberdade a Jack proibiu-o de participar em qualquer ajuda ao suicídio. Ainda assim, o médico não ficou muito tempo longe das suas convicções apoiando o debate —right –to die‖ (o direito a morrer). (SANTOS, 2011, p. 15)

Na Holanda, tanto a eutanásia ativa quanto ao suicídio assistido são possibilidades jurídicas regulamentados pela Lei denominada

"Termination of Life Request and Assisted Suicide (Review Procedures) Act"[13]. A referida Lei cria procedimentos de aplicação do suicídio assistido, em que o paciente ingere uma substancia fornecida pelo médico.[14]

Nos Estados Unidos, alguns estados federados, possuem a permissividade do suicídio assistido, são eles os estados de:

> Oregon (a partir de 1997, através de lei aprovada em referendo popular e designada por Death With Dignity Act); Washington (2008, após consulta popular referendária); Montana (2009, por via jurisprudencial originada em caso concreto e firmada pela mais alta instância judicial do estado de Montana); - Vermont (2013, por lei denominada End of Life Choices Act); - California (2015, através da aprovação de uma lei chamada End of Life Option Act).[15]

---

13 PORTUGAL. Assembléia da República. Op. Cit. p. 29.
14 Ibidem. p. 30.
15 Ibidem. p. 26.

No Brasil, quem induzir, instigar ou **prestar auxílio ao suicídio**, será processado pelo crime disposto no artigo 122 do Código Penal:

> Art. 122 - Induzir ou instigar alguém a suicidar-se ou prestar-lhe auxílio para que o faça:
>
> Pena - reclusão, de dois a seis anos, se o suicídio se consuma; ou reclusão, de um a três anos, se da tentativa de suicídio resulta lesão corporal de natureza grave.

Com isso, se tem que, se eutanásia ativa já é um instituto gerador de muita polêmica, o debate acerca do suicídio assistido é ainda maior. A ideia do suicídio assistido, se for interpretada de forma ampla e irrestrita, possibilitaria qualquer pessoa, inclusive com boa saúde física, pleitear o fim da sua vida.

Sabe-se que no Brasil e, em grande parte do mundo, o suicídio não é crime, trata-se de lógica, não haveria como punir alguém cuja personalidade jurídica já não existisse, ou mesmo não seria coerente aplicar uma sanção àquele que teve a tentativa de tirar a própria vida fracassada.

Assim, caso um individuo depressivo ou não, decidisse por fim à vida, desferindo a si próprio um tiro na cabeça, se enforcando ou mesmo se jogando de um prédio, este ato, por si só, não lhe imputaria qualquer responsabilidade. Ocorre que, nenhuma dessas formas de se matar lhe garante dignidade na morte.

Com esse entendimento, possível observar que se a morte digna fosse reconhecida como um direito individual, qualquer pessoa poderia optar pela morte assistida, haja vista que esta é uma forma digna e indolor de morrer. O que se sugere é que, o individuo que deseje pleitear pelo suicídio assistido, tenha que se submeter a um processo autorizador, propositalmente lento, de forma que possibilite um acompanhamento psicológico, a fim de verificar uma possibilidade de tratamento ou acolhimento de maneira a lhe fazer mudar de ideia a qualquer momento do processo autorizador.

7.2 Da Ortotanásia

Impreciso seria explanar sobre a ortotanásia sem antes ser abordado o significado de **distanásia**, haja vista que um dos motivos da ortotanásia é impedir que ocorra a distanásia. Assim, a distanásia é caracterizada pela obstinação terapêutica, responsável por causar maior e desnecessário prolongamento de tempo de vida, fazendo com que seja prolongada também o sofrimento da vítima.

Vencido esse obstáculo conceitual, possível agora explanar melhor o que é o instituto da ortotanásia. Segundo Antonio Cantera Gimenes, médico cardiologista, presidente do Comitê de Bioética do Hospital do Coração (Hcor), o termo "ortotanásia" é uma união de duas palavras gregas, "orto" que significa "correto" e "thanatos" que significa morte. Portanto, ortotanásia significa "morte no tempo certo" ou "morte de forma correta" (GIMENES, Org. Scalquette. 2015, p. 112).

A ortotanásia é caracterizada pela interrupção do tratamento em pacientes cujo quadro de terminalidade da vida é irreversível, garantindo a este os cuidados paliativos, de modo a minimizar seu sofrimento até que a morte aconteça de modo natural. Nesse sentido leciona Leo Pessini:

A ortotanásia permite ao doente que já entrou em fase final e àqueles que o cercam enfrentar a morte com certa tranquilidade, porque, nessa perspectiva , a morte não é uma doença a curar, mas sim algo que faz parte da vida. Uma vez aceito esse fato que a cultura ocidental moderna tende a esconder e a negar, abre-se a possibilidade de trabalhar com as pessoas a distinção entre curar e cuidar, entre manter a vida quando isso é o procedimento correto e permitir que a pessoa morra quando a sua hora chegou. (PESSINI, 2004 p. 225).

Segundo a Organização Mundial da Saúde (OMS):

> Cuidados Paliativos consistem na assistência promovida por uma equipe multidisciplinar, que objetiva a melhoria da qualidade de vida do paciente e seus familiares, diante de uma doença que ameace a vida, por meio da prevenção e alívio do sofrimento, por meio de identificação precoce, avaliação impecável e tratamento de dor e demais sintomas físicos, sociais, psicológicos e espirituais[16].

---

[16] WORLD HEALTH ORGANIZATION. **National cancer control programmes: policies and managerial guidelines**. 2.ed. Geneva: WHO, 2002.

Há que se destacar que apesar de alguns doutrinadores exporem a ortotanásia como sendo igual ao conceito de eutanásia passiva, estas possuem definição diversa e não devem ser confundidas. Assim aponta Giovanny Vitório Baratto Cocicov:

> A postura ortotanásica não se confunde com eutanásia passiva, a despeito de autores lhes confundirem. Esta concerne à não disponibilização de meios ordinários, cuidados básicos, de manutenção vital, alguns sequer considerados tratamentos (COCICOV, 2008, p. 71).

Também nesse sentido, é a posição jurisprudencial:

> [...] A ortotanásia não se confunde com a chamada eutanásia passiva. É que, nesta, é a conduta omissiva do médico que determina o processo de morte, uma vez que a sua inevitabilidade

> ainda não está estabelecida. Assim, os recursos médicos disponíveis ainda são úteis e passíveis de manter a vida, sendo a omissão do profissional, neste caso, realmente criminosa. [...][17]

Assim, entende-se que enquanto a prática eutanásica passiva é caracterizada pela omissão de qualquer meio de tratamento ou cuidado, como por exemplo, a ordem de não ressuscitação, a ortotanásia esta associada à cessação de um tratamento de cura que já havia sendo praticado, que se mostrou inútil ao quadro de irreversibilidade do paciente, preocupando-se, nessa fase, com o cuidado a fim de amenizar o sofrimento do paciente.

A omissão de socorro é fato tipificado no artigo 135 e também previsto no § 2º do Artigo 13, ambos do Código Penal que estipulam o dever do médico agir:

---

[17] 14ª Vara Federal Seção Judiciária do Distrito Federal. Processo Nº : 2007.34.00.014809-3. Autor : Ministério Público Federal Réu : Conselho Federal de Medicina.

Art. 135 - Deixar de prestar assistência, quando possível fazê-lo sem risco pessoal, à criança abandonada ou extraviada, ou à pessoa inválida ou ferida, ao desamparo ou em grave e iminente perigo; ou não pedir, nesses casos, o socorro da autoridade pública.

Art. 13 - O resultado, de que depende a existência do crime, somente é imputável a quem lhe deu causa. Considera-se causa a ação ou omissão sem a qual o resultado não teria ocorrido.

[...]

§ 2º - A omissão é penalmente relevante quando o omitente devia e podia agir para evitar o resultado. O dever de agir incumbe a quem: a) tenha por lei obrigação de cuidado, proteção ou vigilância; [...]

Contudo, Maria Celeste Cordeiro Leite Santos citando o professor Lattes da

Universidade de Pavia, explica que, apesar do médico ser obrigado a ter uma conduta comissiva em relação ao cuidado com a vida, este não esta obrigado a prolongar a morte inexorável, isto, pois, o curso espontâneo da enfermidade e suas complicações são alheios à finalidade e iniciativa médica. Assim, a tipicidade é afastada, haja vista que o enfermo não necessita de socorro e uma assistência de tratamento médico não seria capaz de impedir a morte, mas somente prolongar a dor (LATTES apud SANTOS, 2017, p. 272).

O Ordenamento Jurídico pátrio apesar de não dispor de um diploma legislativo federal que discipline a ortotanásia, esta se encontra amparada em Leis estaduais, jurisprudência e na Resolução 1805/2006 do Conselho Federal de Medicina que visa orientar os médicos nos procedimentos ortotanásicos, dispondo que:

> Na fase terminal de enfermidades graves e incuráveis é permitido ao

médico limitar ou suspender procedimentos e tratamentos que prolonguem a vida do doente, garantindo-lhe os cuidados necessários para aliviar os sintomas que levam ao sofrimento, na perspectiva de uma assistência integral, respeitada a vontade do paciente ou de seu representante legal.[18]

E ainda:

Art. 1º É permitido ao médico limitar ou suspender procedimentos e tratamentos que prolonguem a vida do doente em fase terminal, de enfermidade grave e incurável, respeitada a vontade da pessoa ou de seu representante legal.
§ 1º O médico tem a obrigação de esclarecer ao doente ou a seu representante legal as modalidades terapêuticas adequadas para cada situação.

---

[18] CONSELHO FEDERAL DE MEDICINA. RESOLUÇÃO CFM Nº 1.805/2006. Disponível na internet via < http://www.portalmedico.org.br/resolucoes/cfm/2006/1805_200 6.htm>. Acesso em 26/02/2017.

§ 2º A decisão referida no *caput* deve ser fundamentada e registrada no prontuário.

§ 3º É assegurado ao doente ou a seu representante legal o direito de solicitar uma segunda opinião médica.

Art. 2º O doente continuará a receber todos os cuidados necessários para aliviar os sintomas que levam ao sofrimento, assegurada a assistência integral, o conforto físico, psíquico, social e espiritual, inclusive assegurando-lhe o direito da alta hospitalar.

Todavia, tal resolução, apesar de amplamente aceita pelos profissionais da saúde, gerou certa polêmica quando o Doutor Wellington Oliveira, na época procurador dos Direitos do Cidadão do Distrito Federal, por entender que a prática da ortotanásia deveria ser regulamentada por Lei, não bastando a resolução do Conselho Federal de Medicina, haja vista que sob sua ótica, a prática de ortotanásia justificaria a pratica homicida, bem como que a vida é um direito indisponível, moveu a Ação Pública de número 2007.34.00.014809-3 em face do Conselho Federal de Medicina, pleiteando o reconhecimento da nulidade da Resolução CFM n. 1.805/2006 e alternativamente sua alteração com o objetivo de que fossem definidos critérios a serem seguidos para a prática da ortotanásia.

A Justiça Federal acolheu o pedido liminar contido na inicial, a fim de suspender a Resolução até que fosse analisada a sua constitucionalidade. A partir desse momento, juristas e profissionais da saúde iniciaram um debate a cerca do tema. Foram quase quatro anos de discussão até que em 2010, o procurador Doutor Wellington Oliveira foi substituído na ação pela Doutora Luciana Loureiro que revisou a ação e se manifestou nos autos reconhecendo que a inicial confundiu ortotanásia com eutanásia.

Assim, diante o novo parecer do Ministério Público Federal, bem como diante outras manifestações nos autos favoráveis pela prática ortotanásica, o magistrado que julgava o caso, proferiu sentença em dezembro de 2010 julgando pela improcedência dos pedidos iniciais, motivado pelo entendimento de que a Resolução CFM n. 1.805/2006 não é inconstitucional, fundamentando-se nos princípios da autonomia e da não-maleficiência, este último caracterizado pela indicação de que as atividades médicas não devem causar mal ao paciente, ou se causarem, ao limite necessário para restabelecer a saúde do paciente.[19]

Mais antiga que a aludida Resolução CFM n. 1.805/2006 é a Lei Estadual de São Paulo nº 10.241/99, também chamada de "Lei Covas", de autoria do até então Deputado Estadual Roberto Gouveia e sancionada pelo Governador Mario Covas, que dispõe sobre os direitos dos usuários

---

[19] 14ª Vara Federal do Distrito Federal. PROCESSO Nº : 2007.34.00.014809-3.

dos serviços e das ações de saúde no Estado. O Governador, falecido em 2001, sabedor de estar acometido por câncer na bexiga e na meninge, acabou usufruindo da Lei que aprovou (CARDOSO, 2017).

A Lei prevê o direito de todos os usuários dos serviços de saúde do Estado de São Paulo recusar tratamentos dolorosos ou extraordinários para tentar prolongar a vida, além de permitir a escolha do local da morte, conforme se vê:

> Artigo 2º - São direitos dos usuários dos serviços de saúde no Estado de São Paulo:
> XXIII - recusar tratamentos dolorosos ou extraordinários para tentar prolongar a vida; e
> XXIV - optar pelo local de morte.[20]

---

[20] SÃO PAULO. Lei Estadual nº 10.241, de 17 de março de 1999. Disponível na internet via<http://www.pge.sp.gov.br/centrodeestudos/bibliotecavirtual/dh/volume%20i/saudelei10241.htm> Acesso em 26/02/2017.

Em 2000, o projeto de Lei nº 116/2000, de autoria do Senador Gerson Camata, foi proposto com o objetivo de, mesmo não sendo um crime, expressamente excluir a ilicitude da ortotanásia no crime de maus tratos, incluindo o artigo 136-A do Código Penal. Em 2009 o Projeto foi aprovado no Senado, sendo remetido para a revisão e aprovação da Camara dos Deputados, gerando o Projeto de Lei 6.715/2009. Assim é o disposto no artigo 136:

> Art. 136. Expor a perigo a vida ou a saúde de pessoa sob sua autoridade, guarda ou vigilância, para fim de educação, ensino, tratamento ou custódia, quer privando-a de alimentação ou cuidados indispensáveis, quer sujeitando-a a trabalho excessivo ou inadequado, quer abusando de meios de correção ou disciplina: Pena - detenção, de dois meses a um ano, ou multa. § 1º Se do fato resulta lesão corporal de natureza grave: Pena - reclusão, de um a quatro anos. § 2º Se resulta a

morte: Pena - reclusão, de quatro a doze anos. § 3º Aumenta-se a pena de um terço, se o crime é praticado contra pessoa menor de catorze anos.

Com a aprovação do Projeto de Lei, seria incluído o artigo 136 – A, com a seguinte redação:

Art. 136-A. Não constitui crime, no âmbito dos cuidados paliativos aplicados a paciente terminal, deixar de fazer uso de meios desproporcionais e extraordinários, em situação de morte iminente e inevitável, desde que haja consentimento do paciente ou, em sua impossibilidade, do cônjuge, companheiro, ascendente, descendente ou irmão. § 1º A situação de morte iminente e inevitável deve ser previamente atestada por 2 (dois) médicos. § 2º A exclusão de ilicitude prevista neste artigo não se aplica em caso de omissão de uso dos meios terapêuticos ordinários e proporcionais devidos a paciente terminal.

Mais uma vez, ao revés do que alguns doutrinadores ensinam, pode-se notar no texto do §2º acima colacionado, que eutanásia passiva e ortotanásia possuem significados diferentes, onde, no Projeto de Lei, a excludente apenas ampara a prática da ortotanásia.

Ainda a respeito do Projeto de Lei, Juciara Vieira Cardoso alerta que:

> É possível que a discussão sobre o que é ou não extraordinário se desenvolva de modo contundente, todavia, uma conclusão é certa, *"meio extraordinário"* não é a mesma coisa que *"meio artificial"*, que é muito mais abrangente, pois inclui também qualquer meio de intervenção médica que use aparelhos mecânicos artificiais para sustentar, reativar ou substituir uma função vital natural. Ao desligar este tipo de equipamento, não se estaria tratando de

> ortotanásia, mas sim de eutanásia ativa, donde é compreensível que tal procedimento seja considerado uma causa de exclusão da antijuridicidade, eis que preenchidos todos os elementos da conduta típica. (CARDOSO, 2017)

Há outro Projeto de Lei em andamento, Projeto de Lei do Senado nº 236/2012 que dispõe sobre o Novo Código Penal, constando no §2º do artigo 122, exclusão da ilicitude na pratica da ortotanásia:

> Art. 122. Matar, por piedade ou compaixão, paciente em estado terminal, imputável e maior, a seu pedido, para abreviar-lhe sofrimento físico insuportável em razão de doença grave: Pena – prisão, de dois a quatro anos.
> [...]
> Exclusão de ilicitude
> § 2º Não há crime quando o agente deixa de fazer uso de meios artificiais para manter a vida do paciente em caso de

> doença grave irreversível, e desde que essa circunstância esteja previamente atestada por dois médicos e haja consentimento do paciente, ou, na sua impossibilidade, de ascendente, descendente, cônjuge, companheiro ou irmão.

Conforme se pode notar, o Projeto de Lei do Novo Código Penal, diferente do Projeto de Lei nº 116/2000, de autoria do Senador Gerson Camata que passou a tramitar no Camara dos Deputados como o PL 6715/2009, possibilitando de forma clara e expressa que o paciente em estado vegetativo persistente poderia ser contemplado, lhe permitindo então o benefício da ortotanásia deixando de ter sua vida mantida por meios artificiais.

Assim, notável que a ortotanásia é a maneira de garantir o direito à morte mais aceitável pela comunidade médica e pelo Ordenamento Jurídico Brasileiro, que apesar de ainda não ter Lei aprovada na esfera Federal, já é uma possibilidade jurídica e tem corpo legal estadual, sendo uma conduta médica lícita do ponto de vista jurídico.

CAPÍTULO VIII
DO CONSENTIMENTO

Conforme exposto no tópico 7.1.1. que tratou da eutanásia, esta no que refere ao consentimento, a doutrina enumera três tipos, a **eutanásia voluntária**, em que há consentimento do paciente em sua morte; a **eutanásia involuntária**, quando a morte é causada ao oposto da vontade do paciente e; a **eutanásia não voluntária**, em que o paciente encontra-se incapacitado de exprimir a sua vontade.

Com relação às outras formas de garantir o direito à morte, parece razoável tomar-se emprestado esses tipos de consentimento. Ora, uma demonstração disso que se acaba de expor é que na ortotanásia é plenamente possível ser aplicada de forma não voluntária, assim como na forma voluntária.

A respeito do consentimento, ainda que não se refira especificamente às práticas de morte assistida ou ortotanásica, a qual o Doutor em Direito e em Medicina, Carlos María Romeo Casabona entende ser, inclusive uma exceção ao direito de prestar consentimento, afirma:

> O consentimento em geral constitui, do ponto de vista jurídico, uma categoria jurídica que conta com uma longa tradição, não sendo mais que a materialização da manifestação da vontade e da livre concorrência de vontades entre as partes de uma relação, isto é, da autonomia, própria das relações jurídico-privadas nos negócios jurídicos [...] (CASABONA, 2005, p. 128).

O consentimento de um indivíduo fazer jus do direito à morte, por ser este um direito subjetivo (*facultas agendi*), é requisito *sine qua non* para a aplicabilidade de qualquer uma das formas de garantia deste direito, seja a eutanásia, o suicídio assistido ou a ortotanásia, isto, pois, caso assim não fosse, seria certo a violação ao bem jurídico penalmente protegido, como a vida, a liberdade e, por consequência, a dignidade da pessoa humana. Assim, do consentimento involuntário não tem muito o que se expor. Se praticado, configura o crime de homicídio, previsto no artigo 121 do Código Penal. Mas dos tipos de consentimento voluntário e o do não voluntário, há particularidades e divisões importantes de serem destacadas, o que o presente estudo não se furtará de apresentar.

8.1 Do Consentimento Voluntário

O sujeito que deseja se submeter a uma das formas de garantir o direito à morte, desde que esta seja permitida pelo Ordenamento Jurídico, é claro, deve manifestar seu consentimento nesse sentido. Tal consentimento, nada mais é que o exercício do direito de autonomia ou autodeterminação. Assim, o indivíduo, plenamente capaz, gozando de seus direitos fundamentais e básicos, pode manifestar sua vontade, que se verificada ausentes de vícios, deve ser respeitada não somente por particulares, mas também pelo Estado.

Tal manifestação de consentimento pode se dar em dois momentos: **em tempo presente com a própria manifestação verbal ou escrita**, quando o sujeito, por motivos pessoais e fáticos, deseja por fim à sua própria vida, como uma forma de se livrar de sofrimento do qual não consegue mais suportar, nesse sentido:

> A princípio não existe uma regra predeterminada, a exigir que o consentimento deva prestar-se

> em todo caso sempre por escrito, pois pode ser adotada tanto esta modalidade como a verbal, segundo as circunstâncias e os atos médicos que serão praticados. (CASABONA, 2005, p. 160).

Ou então, se prevenindo de sofrimento futuro, assinando uma **diretiva antecipada de vontade,** conforme será exposto.

8.1.1 Diretivas Antecipadas de Vontade

A fim de viabilizar a prática da ortotanásia sob o manto do direito à liberdade e autonomia da vida privada, surgem os instrumentos diretivos antecipados de vontade (DAV), também chamados de testamento biológico, testamento vital, diretrizes antecipadas de tratamento, declaração antecipada de vontade, declaração antecipada de tratamento, declaração prévia de vontade do paciente terminal (COGO, 2015), que consistem na manifestação de vontade prévia do indivíduo capaz, que ainda em consciência, autoriza ou desautoriza ser submetido por determinados tratamentos médicos se, por acaso, futuramente não puder expressar seu desejo. (DADALTO, 2013) "As diretivas antecipadas são uma hipótese de autodeterminação do paciente, o qual, fazendo uso de sua autonomia, baseado em seus valores pessoais, recusa a prática de tratamentos fúteis, em situações de terminalidade e irreversibilidade da enfermidade" (MABTUM, 2015, p. 91).

As diretivas antecipadas englobam alguns documentos que tem por finalidade registrar a manifestação de vontade de um indivíduo a respeito da sua posição referente a submissão ou não de tratamentos médicos, se dividindo em duas espécies, o **testamento vital,** também chamado de **declaração prévia de vontade para o fim da vida** e o **mandato duradouro.**

Conforme ensinam Matheus Massaro Mabtum e Patrícia Borba Marchetto, as diretivas antecipadas de vontade foram regulamentadas pela primeira vez nos Estados Unidos por uma lei federal denominada *Patient Self Determination Act* (PSDA), traduzindo, Ato de Autodeterminação do Paciente. Posteriormente, outros países seguindo o exemplo dos Estados Unidos, regulamentaram as diretivas antecipadas de vontade, tais como a Austrália, Espanha, França, Bélgica, Holanda, Itália, Uruguai e Argentina (MABTUM e MARCHETTO, 2015, p. 89).

O testamento vital se originou em 1969, nos Estados Unidos, lá chamado de *living will*, cuja finalidade é formalizar por meio de um documento, respeitando os limites legais, pautado no direito à liberdade (autonomia da vontade) e no princípio da dignidade da pessoa humana, possibilitando a manifestação de vontade de um indivíduo a respeito da submissão ou não de tratamentos médicos, a fim de proteger seus interesses e possibilitar uma morte digna, reconhecendo a proteção do direito individual à morte (DADALTO, 2013).

No Brasil, apesar da inércia do Poder Legislativo em regulamentar as diretivas antecipadas de vontade, o Conselho Federal de Medicina, aprovou a Resolução CFM 1.995/2012, garantindo maior autonomia dos pacientes decidirem sobre a realização de procedimentos desnecessários quando na fase de terminalidade da vida, permitindo, nesse caso, por meio de um testamento vital, manifestar o consentimento pela prática da ortotanásia, a fim de evitar a obstinação terapêutica, própria da distanásia.

Sobre o testamento vital, Matheus Massaro Mabtum e Patrícia Borba Marchetto afirmam:

> O objetivo do documento é resguardar a dignidade nesse

> momento de aflição, preservando o direito da pessoa à manifestação de sua vontade e a sua autodeterminação. Assim, o paciente poderá, com discernimento e capacidade civil, manifestar-se previamente em relação a tratamentos, aceitando-os totalmente ou com limites, ou recusando-os, assim como em relação a não oferta de suporte vital, retirada de suporte vital e ordem de não reanimação, ou não ressuscitação mecânica. (MABTUM e MARCHETTO, 2015, p. 108).

Por sua vez, o mandato duradouro, também chamado de poder duradouro do representante, assim como o testamento vital, tem origem no direito norte americano, lá com a denominação *durable power of attorney for health care* (MABTUM E MARCHETTO, 2015, p. 113).

O instrumento do mandato duradouro esta ligado diretamente ao tipo de consentimento involuntário, haja vista que é o instrumento pelo qual, o individuo, previamente, outorga procuração para terceiro, lhe conferindo legitimidade para decidir em nome daquele, pela melhor forma de cuidado de saúde, em situações não necessariamente ligadas à terminalidade da vida. (MABTUM, 2015, p. 113).

Sobre a pessoa do procurador, Mathes Massaro Mabtum e Patrícia Borba Marchetto ainda lecionam: "O escolhido deve possuir grande afinidade com o representado, conhecê-lo profundamente, gozar de sua confiança. Caso não o conheça, ou mesmo que o conheça e não cumpra a sua vontade, o instituto perderá sua efetividade" (MABTUM, 2015, p. 114).

Uma possível solução então seria outorgar um único documento coexistindo o mandato duradouro e o testamento vital, conforme leciona Luciana Dadalto, Unai Tupinambás e Dirceu Bartolomeu Grego:

> A coexistência do mandato
> duradouro e do testamento vital

> em um único documento, ou em outras palavras, a feitura de uma diretiva DAV aumenta a certeza de que a vontade do paciente será atendida, vez que o procurador poderá decidir pelo paciente quando o testamento vital for omisso e, mais, poderá auxiliar a equipe médica quando a família se colocar contra a vontade manifesta no testamento vital. Isto porque, não obstante o aspecto vinculante do testamento vital, ficou claro nas entrevistas que o médico sente dificuldade em respeitar a vontade do paciente, ainda que escrita, quando toda a família é contrária a essa vontade. (DADALTO, 2013).

Com isso, resta agora ser tratado a cerca do consentimento não voluntário.

8.2 Do Consentimento não Voluntário

O sujeito que consente a realização da prática garantidora do direito à morte deve ser, prioritariamente do indivíduo que será submetido à referida prática, conforme exposto no subtópico anterior. Contudo, quando este não se encontra em plenas condições de saúde física ou mental ou decorrente de outras circunstâncias, terceiros poderiam outorgar em lugar daquele.

Conforme Carlos María Romeo Casabona leciona, as circunstâncias que conduzem o paciente à incapacidade de prestar o consentimento são diversas, podendo ser de caráter:

> a) temporal, no caso do menor; b) permanente, quando o paciente se vê afetado por alguma deficiência ou enfermidade mental, seja esta a causa do tratamento, ou qualquer lesão ou enfermidade orgânica; e, c) sobrevinda, quando o paciente se acha inconsciente por causa da própria enfermidade ou outra

razão (acidente, envenenamento, etc.), podendo ser transitória ou irreversível. (CASABONA, 2005, p. 149).

Mas quem teria tal legitimidade para em nome de outro decidir pela aplicação de uma das formas de garantia do direito à morte? Para o paciente menor de idade, a doutrina assevera que:

> "[...] ninguém dúvida de que são seus pais os que devem outorgar o consentimento em seu lugar. É certo, quando aqueles exercem, como costuma ocorrer, a pátrio poder sobre seu filho de curta idade, a quem representam legalmente" (CASABONA, 2005, p. 149).

A Bélgica aprovou no ano de 2014 a permissividade de menores de idade ser submetidos à pratica eutanásica, tornando-se, o primeiro país no mundo a não prever restrições legais de idade para gozar do direito à morte, devendo, entretanto, cumprir com critérios específicos, tais como capacidade de discernimento, ser acometida de doença terminal ou incurável que levará à morte dentro de um curto período de tempo, pedido escrito pelo menor, o consentimento dos pais ou representante legal e a responsabilidade do médico e disponibilização de apoio psicológico a todos os envolvidos.

> Um dos argumentos expostos por pediatras e políticos para a mudança na lei belga é o fato de que, aferida a sua capacidade de discernimento, as crianças devem desfrutar dos mesmos direitos que os adultos e, se desejarem, em um contexto de sofrimento por doença incurável e de morte provável, pôr fim a sua vida. Dessa forma, a lei belga da eutanásia procura respeitar o estatuto moral das crianças como agentes possuidores de crescente capacidade de autodeterminação (que, como vimos, tem de ser cuidadosamente avaliada). Alguns

encaram essa medida como o derradeiro gesto de humanidade: o alívio do sofrimento, quando a medicina mais avançada falhou (SILVA, 2015).

Trata-se de um caso em que só o consentimento do paciente não é o suficiente, sendo requisito *sine qua non* o consentimento dos representantes legais para a submissão da prática garantidora do direito à morte.

Para os casos de incapacidade de consentir permanente, quando sujeito se encontra afetado por alguma deficiência ou enfermidade mental, ou inconsciência decorrente da própria enfermidade, não há um posicionamento claro da doutrina, mas o que se entende é que seria de legitimidade dos familiares ou mais próximos, devendo ser analisado o caso concreto, mediante decisão de um juiz.

A forma que a doutrina aponta como uma possível solução é a figura do mandato duradouro, instrumento abordado ao final no subtópico anterior. Tal ferramenta nada mais é que uma procuração conferindo especiais poderes de decisão de formas de cuidado de saúde, à terceiro de confiança, não sendo necessariamente tal situação a da terminalidade da vida do outorgante, entende-se que tal instrumento só daria legitimidade para um terceiro decidir sobre a prática de uma das formas de garantir o direito à morte, se assim expressamente constar no instrumento.

CAPÍTULO IX
DO QUADRO SÍNTESE DOS MECANISMOS QUE EFETIVAM A MORTE DIGNA COMO UM DIREITO

De forma resumida, a fim de facilitar a exposição, tudo o que foi abordado nos itens 7 até aqui, no que se referem aos mecanismos que efetivam a morte digna como um direito, podem ser organizadas e expostas, conforme segue:

QUANTO À FORMA:

Figura 1 – Resumo quanto às formas de garantia do Direito à Morte.

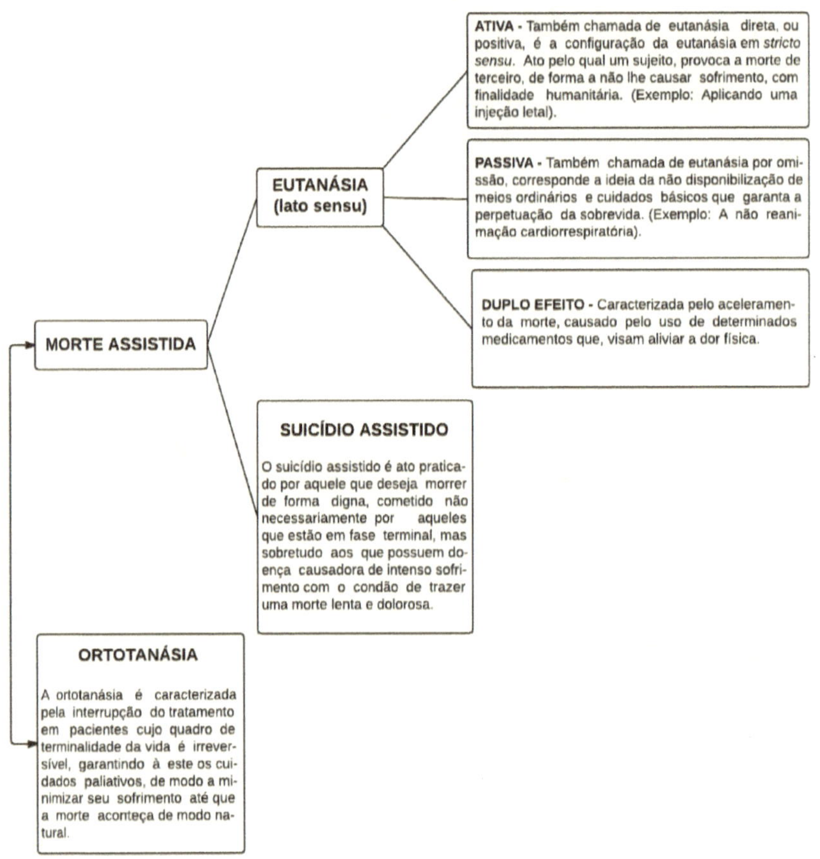

Fonte: Elaboração do autor (2017)

QUANTO AO CONSENTIMENTO:

Figura 2 – Resumo quanto às formas de consentimento do Direito à Morte.

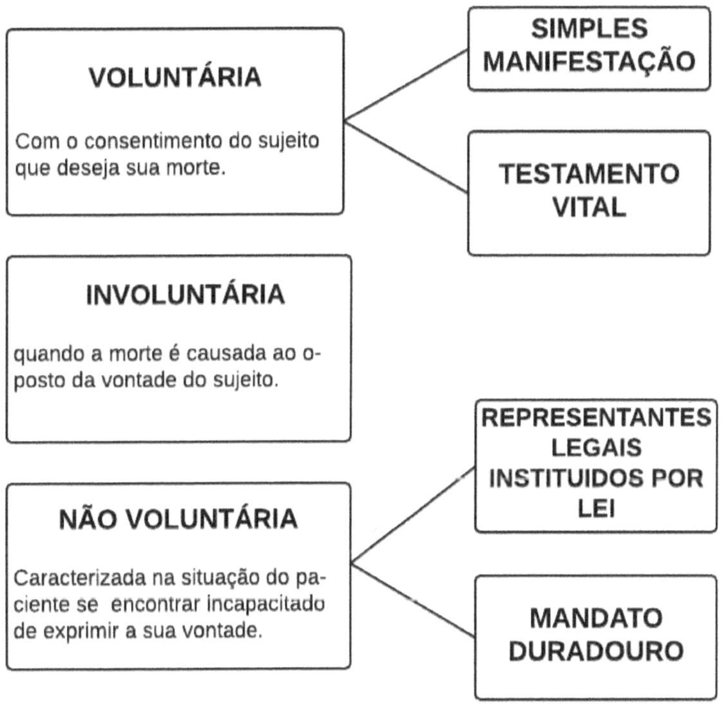

Fonte: Elaboração do autor (2017)

CAPÍTULO X
DOS ARGUMENTOS ACERCA DO DIREITO À MORTE OU DAS SUAS FORMAS DE GARANTIA

O tema direito à morte por se tratar de um instituto que envolve outros direitos fundamentais da pessoa humana, enseja uma série de discussões polêmicas, uma vez que envolve conflito de visões éticas, religiosas, culturais e políticas. Tais visões possuem o condão de trazer à discussão uma série de argumentos, que muitos deles não são contrários ao direito à morte propriamente dito, mas apontam a preocupação com relação às formas de garantia desse direito, trazendo importantes pontos que auxiliam na construção do pensamento a cerca do tema, visando a melhor forma, ou a menos prejudicial de garantir este direito, sem que ele seja extrapolado dos limites e, consequentemente, desviando da sua finalidade.

São exemplos dos questionamentos levantados: A eutanásia é a melhor forma de garantir o direito à morte? A ortotanásia é uma saída à eutanásia? As diretivas antecipadas de vontade poderiam sobrepor o direito à vida, em qualquer hipótese? A família teria legitimidade para pedir a eutanásia do paciente, caso este não tenha condições de discernimento mental? "Matar" ou "deixar morrer"?

Por outro lado, outros argumentos, mais radicais, são totalmente contrários a qualquer reconhecimento do direito à morte. O presente tópico não tem a pretensão de esgotar todos os argumentos contrários e favoráveis a cerca do direito à morte, mas sim expor os mais recorrentes, sobretudo àqueles fundamentados na ética médica, na religião e no próprio ordenamento jurídico.

A ética, como abordado no primeiro tópico do presente estudo, orienta o agir humano, pautado em um sentimento do que é "certo" e "errado". Por serem conceitos totalmente subjetivos, a construção dos paradigmas é construído pela sociedade que, por sua vez, tem seus conceitos atualizados influenciados pela construção moral, cultural, histórica. Uma prova disso, são as constantes e necessárias atualizações dos diversos códigos de ética das Entidades de Classe.

Nesse mesmo sentido, a ética médica tem a função de nortear os atos médicos de acordo com que se tem por correto. Um texto de extrema importância para a construção da ética médica sem dúvida é o Juramento de Hipócrates, o qual segue, *ipsis litteris*:

> Eu juro, por Apolo médico, por Esculápio, Hígia e Panacea, e tomo por testemunhas todos os deuses e todas as deusas, cumprir, segundo meu poder e minha razão, a promessa que se segue:

> Estimar, tanto quanto a meus pais, aquele que me ensinou esta arte; fazer vida comum e, se necessário for, com ele partilhar meus bens; ter seus filhos por meus próprios irmãos; ensinar-lhes esta arte, se eles tiverem necessidade de aprendê-la, sem remuneração e nem compromisso escrito; fazer participar dos preceitos, das lições e de todo o resto do ensino, meus filhos, os de meu mestre e os discípulos inscritos segundo os

regulamentos da profissão, porém, só a estes.

Aplicarei os regimes para o bem do doente segundo o meu poder e entendimento, nunca para causar dano ou mal a alguém.

A ninguém darei por comprazer, nem remédio mortal nem um conselho que induza a perda. Do mesmo modo não darei a nenhuma mulher uma substância abortiva.

Conservarei imaculada minha vida e minha arte.

Não praticarei a talha, mesmo sobre um calculoso confirmado; deixarei essa operação aos práticos que disso cuidam.

Em toda casa, aí entrarei para o bem dos doentes, mantendo-me longe de todo o dano voluntário e de toda a sedução, sobretudo dos prazeres do amor, com as mulheres ou com os homens livres ou escravizados.

Àquilo que no exercício ou fora do exercício da profissão e no convívio da sociedade, eu tiver

> visto ou ouvido, que não seja preciso divulgar, eu conservarei inteiramente secreto.
>
> Se eu cumprir este juramento com fidelidade, que me seja dado gozar felizmente da vida e da minha profissão, honrado para sempre entre os homens; se eu dele me afastar ou infringir, o contrário aconteça.[21] (g.n.).

O referido documento, conforme o trecho destacado, não traz qualquer dúvida, denúncia como não ética a conduta do médico oferecer remédio mortal, conselho que induza a perda, ou mesmo dar a uma mulher uma substância abortiva. Esse trecho traz um importante princípio ético médico, o princípio da não-maleficência, isto é, não fazer o mal, nesse sentido:

---

[21] CONSELHO Regional de Medicina do estado de São Paulo. **Juramento de Hipócrates**. Disponível na internet via < https://www.cremesp.org.br/?siteAcao=Historia&esc=3> Acesso em 04/08/2017.

> *O princípio da beneficência* requer o atendimento por parte do médico ou do geneticista aos mais importantes interesses das pessoas envolvidas nas práticas biomédicas ou médicas, para atingir seu bem-estar, evitando, na medida do possível, quaisquer danos. Baseia-se na tradição hipocrática de que o profissional da saúde, em particular o médico, só pode usar o tratamento para o bem do enfermo, segundo sua capacidade e juízo, e nunca para fazer o mal ou praticar injustiça. (DINIZ, 2007, p. 14 e 15)

Do trecho destacado do juramento de Hipócrates há dois pontos importantes a serem sublinhados. O primeiro diz respeito à desatualização da empregabilidade *ipsis litteris* do texto, haja vista, ser este, um manuscrito escrito provavelmente no Século V a.C (REZENDE, 2009, p. 31), em uma época distante, com particularidades totalmente distintas das realidades presentes. No Século XX, especificamente no ano de 1948, diante o reconhecimento do progresso científico e o avanço da medicina, a Associação Médica Mundial se organizou, apresentando a Declaração de Genebra, com um texto do juramento de Hipócrates mais atualizado, visando compatibiliza-lo com a situação da época, reconhecendo maior autonomia do paciente:

> As modificações introduzidas contemplam a autonomia do paciente; justiça social e mercantilização da medicina; afrouxam as obrigações dos discípulos para com seus mestres; substituem a proibição por regulamentação do aborto; e suprimem o item referente à operação de calculose vesical. (REZENDE, 2009, p. 44)

O segundo ponto a ser destacado é o conflito que o trecho traz quando proíbe ao médico a prescrição de um remédio mortal ou um conselho que induza a perda, com o disposto no parágrafo anterior: "Aplicarei os regimes para o bem do doente segundo o meu poder e entendimento, nunca para causar dano ou mal a alguém.".

Ora, se tal trecho proíbe a prática de atos capazes de causar dano ou mal a alguém, será que manter vidas sem dignidade será não seria um ato de maleficência? É exatamente essa a provocação que a jurista Maria Berenice Dias expos em seu texto sobre Bioética e Direito:

> Não-maleficência significa não fazer o mal; este princípio tem sua expressão no juramento e em sucessivos aforismos de Hipócrates, que podem ser sintetizados em: "Em primeiro lugar, não prejudicar " (4). Esse princípio geral - obrigatório não apenas a quem trabalha na área da saúde - significa que não deve o profissional receitar sem antes examinar e diagnosticar, praticar atos desnecessários ou fazer experimentações que levem risco

ao ser humano, delineados claramente no Código de Ética Médica vigente. E manter vidas inviáveis será maleficência? 3 Beneficência é fazer o bem. Novamente algo desejável para ser assumido por todos. No caso do médico, apenas obrigação. Certamente, nesta busca de fazer o bem, entende-se que deva empregar os meios possíveis, sem assumir a obrigação de obter resultados. E novamente a pergunta bailando: manter a vida pela vida, embora se sabendo inviável, é ser benemerente? (DIAS, 2017).

A respeito do posicionamento religioso a cerca do tema, a Igreja Católica, em 1992, por manifestação do Papa João Paulo II, se posicionou a não mais se opor à morte em casos em que a existência se tornou miserável (DINIZ, 2007, p. 349 e 350).

A doutrina Judaica também se posiciona a cerca do assunto:

> Deveras, no Torá, livro sagrado dos judeus, acolhida está a idéia da dignidade da morte, pois assim reza: 'todo aquele cuja existência tornou-se miserável está autorizado a abster-se de fazer algo para prolongá-la' [...] (DINIZ, 2007, p. 349).

Um argumento utilizado pelos que discordam da positivação do direito à morte, especificamente no que diz respeito à forma pela eutanásia, que tal possibilidade poderia implicar no risco de usos indevidos da prática, utilizando-se para tal argumento, o termo inglês *slippery slope*, ou em português, ladeira escorregadia. Outra preocupação é pela eliminação de pessoas "fora do padrão de perfeição", ou possibilidade da prática eugênica (SILVA, 2015).

Entretanto, tomando os índices dos países que já incluíram o direito à morte em seu Ordenamento Jurídico, a exemplo da Holanda, é possível se constatar que não foram registrados números expressivos do uso indevido da prática que desviaria de sua finalidade, mas sim, que na verdade, a submissão de pacientes à prática eutanásica, a permissividade do suicídio assistido ou a ortotanásia, se demonstraram mecanismos satisfatórias para a efetivação da dignidade da pessoa humana (SILVA, 2015).

Um possível ponto a ser discutido é a respeito do pleno discernimento de consentir do paciente ser submetido a uma forma garantidora do direito à morte, visto que, diante seu estado de saúde, este não goza de plena capacidade emocional, uma vez que é afetado pela circunstância que se encontra e em qualquer outra situação não seria a mesma decisão. Por outro lado, tem aqueles que poderiam discordar desse pensamento, haja vista que o que busca o paciente é o fim de seu sofrimento, sendo a morte provavelmente a ultima das hipóteses de alívio que o paciente ira pensar, mas que não encontrando outra saída, virá somente no fim de sua vida como uma forma de alívio à insuportável dor que carrega.

Para Maria Helena Diniz, a vida é bem jurídico indisponível, devendo o Ordenamento Jurídico respeito ao princípio do primado do direito à vida:

> Se assim é, a vida humana deve ser protegida contra tudo e contra todos, pois o objeto de direito personalíssimo. O respeito a ela e aos demais bens ou direitos correlatos decorre de um dever absoluto erga omnes, por sua própria natureza, ao qual a ninguém é lícito desobedecer. [...] A vida exige que o próprio titular do direito a respeite. O direito ao respeito da vida é *excludendi alios*, ou seja, direito de exigir um comportamento negativo dos outros. Garantido está o direito á vida pela norma constitucional em cláusula pétrea (art. 5º), que é intangível, pois contra ela nem mesmo há o poder de emendar. Daí conter uma força paralisante total de toda legislação que,

> explícita ou implicitamente vier a contrariá-la, por força do art. 60§ 4º, da Constituição Federal. [...]
> A vida tem prioridade sobre todas as coisas, uma vez que a dinâmica do munda nela se contém e sem ela nada terá sentido. Consequentemente, o direito à vida prevalecerá sobre qualquer outro, seja ele o de liberdade religiosa, de integridade física ou mental etc. Havendo conflito entre dois direitos, incidirá o princípio do primado do mais relevante. Assim, por exemplo, se se precisar mutilar alguém para salvar sua vida, ofendendo sua integridade física, mesmo que não haja seu consenso, não haverá ilícito nem responsabilidade penal médica. (DINIZ, 2007, p. 20-24).

A autora defende ainda que liberdade pessoal não é absoluta, devendo se restringir quando se trata de tirar a própria vida:

> A liberdade pessoal não pode ser tolerada quando implica retirada da própria vida, por não ser absoluta, visto que está

> juridicamente limitada por princípios de ordem pública, como os de não matar, não induzir ao suicídio, não omitir socorro e o de ajudar quem está prestes a falecer. (DINIZ, 2007, p. 243)

Claro que os argumentos são muitos, afinal trata-se de um tema polêmico, e assim não poderia ser diferente, de fato a vida, a liberdade e a dignidade da pessoa humana são bens jurídicos de altíssima relevância.

O objetivo deste tópico não foi o de levantar todos os questionamentos, mas os de maior destaque, a fim de que no próximo tópico, possa se chegar ao cerne da análise proposta pelo presente estudo, qual seja, analisar a possibilidade da inserção do direito à morte como um direito fundamental Constitucional.

CAPÍTULO XI
DA POSSÍBILIDADE JURÍDICA DO DIREITO À MORTE

Diante todas as informações expostas no presente estudo, tem se como possível adentrar em um dos principais tópicos do presente estudo, ou seja, analisar a possibilidade jurídica do direito à morte no Ordenamento Jurídico pátrio, sobretudo a respeito da viabilidade deste direito ser recebido pela Constituição da República Federativa do Brasil. Para tanto, será verificada a constitucionalidade das formas de garantir, e das formas de consentir o direito à morte, elencados nos tópicos anteriores. Não obstante, a fim de viabilizar esta análise, além do já exposto, se faz necessária uma breve explanação a respeito da organização hierárquica das leis no sistema jurídico brasileiro.

É cediço que o Brasil adotou o princípio da Supremacia da Constituição (SARLET, 2015, p. 146), sendo, portanto, necessário que todas as demais leis respeitem o dispositivo constitucional, sob pena de serem declaradas como inconstitucionais e, consequentemente descartadas do Ordenamento Jurídico pátrio. A Constituição é Norma Jurídica de estrutura. Nesse sentido Hans Kelsen leciona:

> Se começarmos levando em conta apenas a ordem jurídica estadual, a Constituição representa o escalão de Direito positivo mais elevado. A Constituição é aqui entendida num sentido material, quer dizer: com esta palavra significa-se a

> norma positiva ou as normas positivas através das quais é regulada a produção das normas jurídicas. (KELSEN, 1999, p. 155).

Com relação às emendas à constituição, boa parte da doutrina entende que, após "incorporadas ao texto constitucional, elas passam a ser parte integrante (com a mesma hierarquia normativa) desta mesma constituição, portanto, tornam-se constituição" (SARLET, 2015, p. 190).

Para o Ministro do Supremo Tribunal Federal, Alexandre de Moraes, a Lei Complementar é hierarquicamente superior à Lei Ordinária (MORAES, 2017, p. 489).

A fim de não se alongar mais sobre o assunto, por ser desnecessário, deixar-se-á de expor da hierarquia dos demais tipos de leis, quais sejam: a Lei delegada, o Decreto Legislativo, as Resoluções, o Decreto presidencial, as Instruções Normativas, as

Instruções administrativas, os Atos Normativos, os Atos administrativos, as Portarias e os Avisos.

Com isso, possível notar que o sistema normativo brasileiro esta organizado hierarquicamente da seguinte forma:

1º Constituição da República Federativa do Brasil e Emendas Constitucionais;
2º Lei Complementar;
3º Lei Ordinária.
4º Demais Leis.

Para o presente estudo, só é crível se conceber o direito à morte como uma possibilidade jurídica, caso este direito seja tido como não inconstitucional. Assim, apresenta-se a seguinte análise:

11.1 Análise da possibilidade jurídica quanto às formas de garantia do direito à morte

Conforme exposto no segundo tópico do presente estudo, a efetividade de um direito reconhecido por Lei, se dá por meio da previsão de formas de garantia deste direito. Assim, entende-se que, por questão de lógica, um direito só é possível de ser reconhecido, caso seja juridicamente viável a previsão de uma forma de garantia.

Partindo desse raciocínio, o presente subtópico objetiva apresentar a análise da possibilidade jurídica das formas de garantia do direito à morte, quais seja: eutanásia (lato sensu); suicídio assistido e a; ortotanásia.

Assim, tem-se por certo que, só é plausível concluir o direito à morte como um direito individual juridicamente possível, caso seja constatada a possibilidade jurídica de garantir esse direito, ou seja, a legalidade da garantia do direito à morte por meio ou da eutanásia, da morte assistida, ou da prática ortotanásica.

Claro que nesse primeiro momento a forma de consentimento não esta sendo analisada, mas somente a forma de garantir o direito, o que modificaria substancialmente o resultado da análise se o consentimento fosse voluntario do involuntário.

Assim, a fim de evitar problemas na análise, esta terá como premissa que a forma de consentimento é a voluntária, em que o paciente autoriza a prática da forma de garantia analisada.

Para tanto, a análise será realizada respondendo esses dois quesitos:

- A forma de garantir o direito à morte é constitucionalmente possível?

- Há algum dispositivo na legislação infraconstitucional que impossibilite a garantia do direito à morte?

11.1.1 Da viabilidade jurídica da eutanásia

De antemão, aparentemente o sistema jurídico repudia a eutanásia como uma forma de garantia do direito à morte. Será que essa reflexão esta correta? Será mesmo que o Ordenamento Jurídico pátrio não poderia recepcionar a eutanásia *lato sensu*, ou mesmo suas espécies: a **eutanásia ativa**, a **eutanásia passiva** ou a **eutanásia de duplo efeito**?

Passa-se a verificação das espécies:

11.1.1.1 Da eutanásia ativa

- A eutanásia ativa é constitucionalmente possível?

Retomando o conceito, eutanásia ativa (*stricto sensu*), é o ato pelo qual um terceiro, movido por intenções humanitárias, provoca a morte sem sofrimento daquele que esta acometido por enfermidade incurável e em condições de extrema indignidade.

Ora, se um sujeito que padece de mal irreversível que lhe tira dignidade da vida e deseja ser submetido à eutanásia ativa, qual mal que este procedimento pode provocar à sociedade? A liberdade é um bem jurídico e constitucionalmente protegido, esculpido sob o entendimento de que "A liberdade de cada um termina onde começa a liberdade do outro.", pois bem, no momento em que um sujeito é impedido de ter autonomia de decidir sob sua morte lhe é violado o direito à liberdade, lhe é violado o direito à vida, lhe é violada a dignidade, ou seja, o direito à autodeterminação, à vida e à dignidade só é realmente efetivada pelos destinatários do direito se estes tiverem possibilidade de agir de acordo com suas convicções, desde que não traga prejuízo a outrem. Nesse sentido:

> A autodeterminação moral só pode ser realmente usufruída pelos destinatários do direito se lhes for permitido agir de acordo com suas ideias. Daí a importância que foi dada acima a essa faceta do direito. Sem essa dimensão, a liberdade de consciência e crença religiosa restará completamente inútil. Para que serviria a crença de uma pessoa em uma determinada religião se o Estado ou a sociedade proibisse que ela a exercesse? Qual sentido teria permitir a livre escolha de posições filosóficas se não fosse permitido exercê-las? É nítido

> como o princípio tem ligação com o princípio da dignidade humana (inciso III, art. 1º da CF/88). Seria tratar desumanamente as pessoas se fosse permitido a elas fazer seus julgamentos morais a respeito de determinadas questões, mas não permitir que elas agissem nesses problemas de acordo com as decisões morais que tomaram. (FREDERICO JUNIOR, 2017)

A Constituição, como foi possível observar, é norma jurídica de estruturação do Ordenamento Jurídico. Em seu texto não se encontra nenhum direito que expressamente se opõe ao direito à morte, sobretudo à prática eutanásica na forma ativa. É a mesma lógica:

> Ora, no caso em questão, por força do *princípio da supremacia da Constituição*, o direito à eutanásia não é apenas um mero direito infraconstitucional de índole privada, mas sim um direito fundamental. Se temos como base de nosso direito uma

> Constituição, decorrendo daí o seu caráter de lei fundamental, é forçoso reconhecer, assim, um maior destaque nesse direito e sua conseqüente projeção na esfera penal, excluindo o caráter criminoso da conduta. Do contrário, estaremos rasgando nossa Constituição. (FREDERICO JUNIOR, 2017).

Também nesse sentido, Ronald Dworkin defende que:

> Dentre todas as decisões tomadas por alguém, as que dizem respeito à vida e à morte são as mais importantes e cruciais para a formação e expressão da personalidade, [portanto,] qualquer que seja nosso ponto de vista sobre o aborto e a eutanásia, queremos ter o direito de decidir por nós mesmos, razão pela qual deveríamos estar sempre dispostos a insistir em que qualquer Constituição honorável, qualquer Constituição verdadeiramente centrada em

> princípios, possa garantir esse direito a todos (DWORKIN, 2005, p. 343).

Ex positis, a conclusão é de que a eutanásia ativa não fere nenhum direito constitucionalmente protegido. O que se observa é justamente o oposto, vez que possível a interpretação de que a eutanásia na forma ativa é forma idônea de se efetivar o direito à liberdade de autodeterminação, do direito à vida e respeito ao princípio da dignidade da pessoa humana.

- Há algum dispositivo na legislação infraconstitucional que impossibilite a prática da eutanásia ativa?

Sim, conforme exposto em tópicos anteriores, apesar de não haver qualquer previsão expressa a respeito da eutanásia ativa como fato tipificado, esta acaba se enquadrando na hipótese de homicídio privilegiado, prevista no §1º do artigo 121 do Código Penal.

Importante destacar que há juristas que defendam que a eutanásia ativa não possui impedimento penal, uma vez que a eutanásia ativa, quando praticada, seria causa de exclusão de ilicitude pela caracterização de exercício regular de um direito:

> Não obstante a tipicidade da conduta, quando partimos para a questão da antijuridicidade, nos deparamos com o artigo 23 do CP:
>
> Art. 23 - Não há crime quando o agente pratica o fato:
>
> I - em estado de necessidade;
>
> II - em legítima defesa;
>
> III - em estrito cumprimento de dever legal ou no exercício regular de direito.
>
> Olhando para os três incisos e uma vez reconhecendo o direito à eutanásia como decorrência e

> expressão do direito à independência moral da pessoa, percebemos que temos sim uma causa de exclusão de antijuridicidade no final do inciso terceiro: o exercício regular de direito. (FREDERICO JUNIOR, 2017).

Uma tentativa de legislar sobre a eutanásia ativa foi proposta pelo ex Senador, Gilvam Borges, por meio do Projeto de Lei 125/96,que visava autorizar a pratica da morte sem dor em casos específicos. Contudo, foi arquivado ao final da Legislatura, conforme preceitua o artigo 332 do Regimento Interno do Senado Federal – RISF, nunca sendo apreciado.[22]

Outro ponto a ser destacado é: Mas o aborto eugênico, aquele praticado em casos da formação do feto anencéfalo, não seria uma forma de eutanásia ativa? Ora, reconhecendo que o feto, ao nascer não teria uma vida longa e

---

[22] SENADO. PL Nº 125/96. Disponível na internet via < https://www25.senado.leg.br/web/atividade/materias/-/materia/27928> Acesso em 09/08/2017.

digna, a jurisprudência permitiu o aborto. Esta hipótese muito se assemelha aos milhares de casos de indivíduos que por serem acometidos por moléstias irreversíveis, não teriam uma vida longa e digna. Nesse sentido, a participação do médico no procedimento abortivo teria a mesma fundamentação se aplicado à eutanásia. Compartilha dessa lógica José Luizilo Frederico Júnior:

> Quanto à questão da participação do médico, podemos estabelecê-la de acordo com o próprio Código Penal. Acima foi discutida a questão do aborto em gravidez decorrente de estupro. Como tanto nessa questão como na eutanásia há um sério e controverso problema moral, podemos muito bem estabelecer, por *analogia*, a participação do médico como condição *sine qua non* para o exercício do direito, garantindo um mínimo de regulação, de modo a evitar uma eutanásia "forçada" por parentes de um indivíduo ou coisa

parecida. (FREDERICO JUNIOR, 2017).

- Conclusão

A eutanásia ativa apesar de não possuir nenhum impedimento constitucional, atualmente violaria o princípio da legalidade, visto que há um impedimento na legislação infraconstitucional, prevista no §1º artigo 121 do Código Penal.

11.1.1.2 Da eutanásia passiva

- A eutanásia passiva é constitucionalmente possível?

Eutanásia passiva ou por omissão, conforme apresentado, é causada por uma conduta negativa de terceiro que deixa de disponibilizar meios ordinários e cuidados básicos que garanta a perpetuação de uma vida tida como indigna.

Tendo se por premissa o consentimento voluntário da submissão pelo procedimento do paciente, pelos mesmos motivos apresentados na análise da eutanásia ativa, a conclusão é a mesma, a eutanásia passiva é uma forma hábil de garantir o direito à morte que não viola nenhum dispositivo constitucional.

Inclusive, a fim de reforçar essa conclusão, destaca-se a recente decisão proferida no final de julho de 2017, por um juízo monocrático na comarca de Jaraguá do Sul, localizada no estado de Santa Catarina, que deferiu liminar em mandado de segurança para determinar que um hospital daquela região realizasse uma cirurgia em um paciente com risco de vida, sem que fosse realizado procedimento de transfusão de sangue, em total respeito às convicções religiosas, dignidade e liberdade deste.[23]

- Há algum dispositivo na legislação infraconstitucional que impossibilite a prática da eutanásia passiva?

Sim, o §1º do artigo 121 do Código penal, pelas mesmas razões da eutanásia ativa.

- Conclusão

A eutanásia passiva, assim como a ativa, não apresenta nenhum impedimento constitucional, tendo inclusive, de alguma forma, respaldo jurisprudencial a cerca da permissibilidade. Contudo, na legislação infraconstitucional há um impedimento previsto no §1º artigo 121 do Código Penal.

---

[23] Decisão veiculada no portal do Tribunal de Justiça do estado de Santa Catarina, contudo, sem apontar o número da ação. Disponível na internet via <https://portal.tjsc.jus.br/web/sala-de-imprensa/-/justica-garante-direito-de-paciente-nao-receber-transfusao-por-conviccao-religiosa> Acesso em 09/08/2017.

11.1.1.3 Da eutanásia de duplo efeito

- A eutanásia de duplo efeito é constitucionalmente possível?

A eutanásia de duplo efeito, conduz a ideia de um aceleramento da morte causado pelo uso de determinados medicamentos que, visam aliviar a dor física.

Ora, se o paciente tiver conhecimento de que o uso de determinado medicamento que alivie a sua dor física, tenha o condão de acelerar a sua morte, e mesmo assim consinta de forma voluntaria a sua aplicação, então, assim como as outras espécies de eutanásia, também não estaria maculada por qualquer inconstitucionalidade.

No caso do paciente não ter conhecimento da consequência do uso da substância é o mesmo que aplicar a eutanásia involuntariamente, isto é, contra a vontade do paciente, ao que será melhor analisada posteriormente, mas que de antemão já se adianta ser inconstitucional, por ausência de apelo de direito à liberdade, podendo se configurar em uma prática contrária a dignidade e vida humana.

Pode ocorrer também que o médico ou mesmo a ciência não tenha conhecimento da consequência do uso do medicamento, se configurando em um efeito colateral da ação médica que por consequência, não se enquadra no conceito de eutanásia de duplo efeito, tendo em vista ser requisito a ciência da consequência do uso do medicamento.

- Há algum dispositivo na legislação infraconstitucional que impossibilite a prática da eutanásia de duplo efeito?

Depende. Se praticada por pessoa diversa de um médico, poderia se configurar na hipótese do crime de homicídio prevista no §1º do artigo 121 do Código Penal. Nesse mesmo sentido, se praticado pelo médico e no caso concreto, houver outra forma de amenizar o sofrimento do paciente, diversa do que pelo uso do medicamento acelerador da morte e mesmo assim o médico optar pelo uso do medicamento é possível também a configuração da hipótese do §1º do artigo 121 do Código Penal (CABETE, 2011, p. 31).

Por outro lado, se o caso concreto se apresentar diferente, não tendo outra forma de amenizar o sofrimento do paciente, senão pelo uso do medicamento acelerador da morte, entende-se que será configurado um caso de ortotanásia, que conforme será demonstrado, é permitido pelo ordenamento jurídico pátrio.

- Conclusão

A eutanásia de duplo efeito, a princípio não apresenta nenhum impedimento constitucional. Contudo, na legislação infraconstitucional, dependendo do caso, é possível encontrar impedimento de sua prática no §1º artigo 121 do Código Penal.

11.1.2 Da viabilidade do suicídio assistido

O suicídio assistido é caracterizado pelo ato praticado por aquele que deseja morrer de forma digna, contando com o apoio de terceiro, por ser impossível fazer sozinho, comete suicídio.

- O suicídio assistido é constitucionalmente possível?

Apesar de aparentar ser uma forma de garantir o direito à morte mais distante do nosso ordenamento jurídico, pelos mesmos fundamentos da eutanásia, não há qualquer inconstitucionalidade da previsão de tal procedimento.

- Há algum dispositivo na legislação infraconstitucional que impossibilite a prática do suicídio assistido?

Sim, quem induzir, instigar ou prestar auxílio ao suicídio, será processado pelo crime disposto no artigo 122 do Código Penal.

- Conclusão

O suicídio assistido não apresenta nenhum impedimento constitucional. Entretanto, na legislação infraconstitucional há um impedimento previsto no artigo 122 do Código Penal.

11.1.3 Da viabilidade da ortotanásia

- A ortotanásia é constitucionalmente possível?

Sim, inclusive, conforme exposto nos tópicos anteriores, por ser a forma mais aceitável pela comunidade médica, é a única forma de garantir o direito à morte atualmente aplicada no Brasil.

- Há algum dispositivo na legislação infraconstitucional que impossibilite a prática da ortotanásia?

Não, pelo contrário apesar de ainda não contar com Lei Federal que regulamente a pratica ortotanásica, esta já possui corpo legal estadual prevista na Lei nº 10.241/99, também chamada de "Lei Covas" do estado de São Paulo.

- Conclusão

A ortotanásia é uma realidade no ordenamento jurídico brasileiro, não encontrando nenhum impedimento na constituição e tão pouco na lei infraconstitucional, inclusive tendo regulamentação no estado de São Paulo.

CAPÍTULO XII
DO QUADRO SÍNTESE DA ANÁLISE DA POSSIBILIDADE JURÍDICA DAS FORMAS DE GARANTIR O DIREITO À MORTE

Figura 3 – Resumo da possibilidade jurídica quanto à forma de garantir o Direito à Morte.

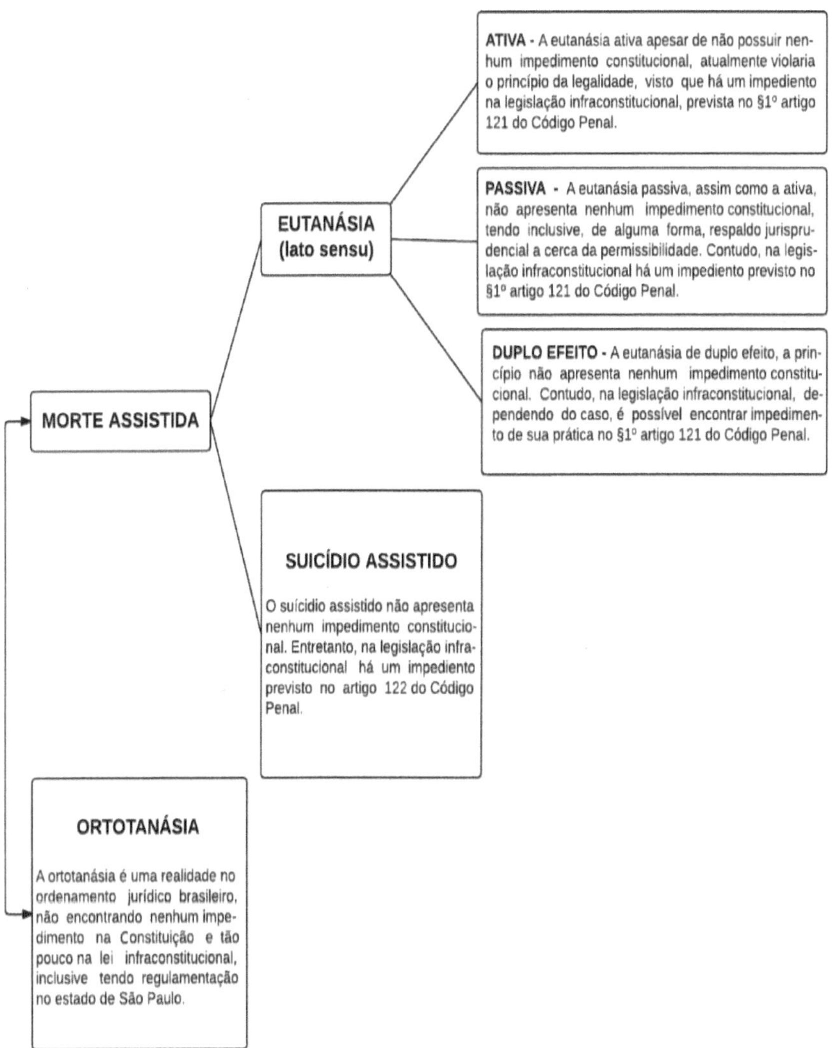

Fonte: Elaboração do autor (2017)

CAPÍTULO XIII
DA EFETIVAÇÃO DO DIREITO À MORTE PELA VIA JUDICIAL

Diante o exposto nos tópicos anteriores, foi possível concluir que o direito à morte é uma possibilidade jurídica, cujas formas de garantia não possuem impedimentos constitucionais e inclusive, já é garantida no Brasil pela ortotanásia. Além disso, importante destacar que o direito à morte teria espaço como um direito individual e, portanto fundamental, podendo perfeitamente ser incluído junto ao artigo 5º da

Constituição Federal, tendo como consequência maior efetividade aos direitos da liberdade, vida e ao princípio da dignidade da pessoa humana.

Contudo, também foi possível observar, que apesar da possibilidade jurídica, falta interesse do Poder legislativo de regular as formas de efetividade e incluir tal direito fundamental expressamente no bojo constitucional.

Enquanto durar a inércia do legislativo, muitas pessoas têm seus direitos e dignidade violados. Resta a essas pessoas se socorrerem ao Judiciário. Mas qual tipo de ação efetivaria o direito à morte? O Controle de Constitucionalidade Concentrado por via de impetração de ação Direita de Inconstitucionalidade por Omissão poderia resolver, mas o cidadão comum não teria acesso a tal medida já que a Lei define um rol exaustivo de legitimados.

Já pela via incidental, entende-se que deva ser utilizado o Mandado de Injunção, remédio constitucional previsto no inciso LXXI do Artigo 5º da Constituição da República Federativa do Brasil, regulamentado pela recente Lei nº 13.300, de 23 de junho de 2016, cuja decisão, conforme último entendimento do STF, tem caráter *erga omnes*[24]. A respeito desse *writ*, o Ministro do STF, Alexandre de Moraes leciona:

> O mandado de injunção consiste em uma ação constitucional de caráter civil e de procedimento especial, que visa suprir uma omissão do Poder Público, no intuito de viabilizar o exercício de um direito, uma liberdade ou uma prerrogativa prevista na Constituição Federal. Juntamente com a ação direta de inconstitucionalidade por omissão, visa ao combate à síndrome de

---

[24] SUPREMO TRIBUNAL FEDERAL. MI 708/DF e MI 670/ES – Rel. Min. Gilmar Mendes, publicação: 25/10/2007. Que adotou a teoria concretista geral.

> Inefetividade das normas constitucionais. (MORAES, 2017, p. 135).

Vale destacar, conforme artigo 3º da Lei 13.300/16, é parte legítima para impetrar Mandado de Injunção qualquer pessoa, natural ou jurídica que se afirmar ser titulares dos direitos, liberdades ou prerrogativas inerentes à nacionalidade, à soberania e à cidadania.

Contudo, conforme posição pacífica do STF, não cabe liminar no mandado de injunção:

> MANDADO DE INJUNÇÃO - LIMINAR. Os pronunciamentos da Corte são reiterados sobre a impossibilidade de se implementar liminar em mandado de injunção - Mandados de Injunção nºs 283, 542, 631, 636, 652 e 694, relatados pelos ministros Sepúlveda Pertence, Celso de Mello, Ilmar Galvão, Maurício Corrêa, Ellen Gracie e por mim, respectivamente. AÇÃO CAUTELAR - LIMINAR. Descabe o ajuizamento de ação cautelar

para ter-se, relativamente a mandado de injunção, a concessão de medida acauteladora[25]

Insta ainda salientar, no que se refere à prática eutanásica, atualmente não praticada em seres humanos, é garantida aos "animais gravemente feridos, com impossibilidade de tratamento, animais com doenças terminais em intenso sofrimento e animais idosos na falta de recursos para atender às suas necessidades."[26]

Encontra-se na história alguns casos em que direitos dos animais foram utilizados para a proteção e benefício de seres humanos. É o caso da Mary Ellen, criança norte americana que sofria abusos dos pais adotivos, sem, contudo, ter legitimidade de representação em face

---

[25] SUPREMO TRIBUNAL FEDERAL. AC 124 AgR. Relator: Marco Aurélio, Tribunal Pleno, publicado em 23/09/2004

[26] CONCEA. Ministério da Ciência, Tecnologia e Inovação Conselho Nacional de Controle de Experimentação Animal. Diretrizes da prática de eutanásia do CONCEA. Brasília. 2013. p.3. Disponível na internet via <http://www.unifesp.br/reitoria/ceua/images/Diretrizes%20Euta nasia%20CONCEA.pdf> Acesso em 19/02/2017.

daqueles que a maltratava, haja vista que na Lei da época, somente os pais tinham legitimidade para responder os infantes.

Assim, utilizando-se das leis de proteção animal vigente da época, o promotor alegou que a garota não era menos que um cachorro, e assim conseguiu retirar a criança do convívio com seus pais adotivos, haja vista que a Lei dispunha ampla legitimidade de representação contra maustratos de animais, mesmo que aqueles que não eram donos do animal (WATKINS, 1990, p. 500-503).

No Brasil, os direitos dos animais foram utilizados pelo ilustre advogado Heráclito Fontoura Sobral Pinto, para defender o Alemão Harry Berger, preso em condições desumanas (PINTO, 1979, p. 73 – 82).

Talvez, atualmente, por falta de legislação à cerca do tema, resta àqueles que defendam a eutanásia ativa partir da mesma estratégia, já que o legislativo não aprova leis que regulamentam a situação de diversas pessoas.

CONSIDERAÇÕES FINAIS

O direito à morte é um tema delicado e de extrema importância jurídica e social, uma vez que envolvem os bens juridicamente protegidos mais valiosos esculpidos na Constituição, quais sejam a dignidade humana, a vida e a liberdade.

Percebe-se que há uma tendência mundial, tendo em vista os avanços médicos e científicos, na preocupação de que o processo de morte humana seja menos sofrível. Percebe-se também que, infelizmente, tal preocupação ainda não chegou ao Brasil de forma tão calorosa que desse a oportunidade de causar um grande impacto na realidade atual, reconhecendo por meio de lei, um direito tão caro ao ser humano que o de ter uma morte digna.

A fim de se verificar a possibilidade jurídica do direito à morte no ordenamento jurídico pátrio, o presente estudo buscou o valor primário do direito, isto é, a justiça, abordando seus elementos, com base na construção filosófica e histórica do pensamento humano a respeito desse fim que, desde que o homem vive em sociedade é buscado. Foram trazidos também os princípios, fontes norteadoras do direito, como requisito *sine qua non* para se alcançar o que se entende por justiça.

A fim de construir bases ainda mais sólidas para se alcançar o propósito do presente estudo, foi abordado sobre os conflitos de direitos fundamentais; a força do princípio que fundamenta todo o Ordenamento Jurídico pátrio, qual seja, a dignidade da pessoa humana; os conceitos dos direitos à vida, à liberdade e à saúde.

Com isso, foi possível compreender que o direito à morte é forma idônea de pacificar as causas em que há conflitos entre o direito à vida e o direito à liberdade, sobretudo quando se trata da dignidade e vida de um mesmo ser humano, consistindo no direito fundamental de cada individuo ter uma morte digna, seja por métodos de abreviamento (eutanásia ativa ou de duplo efeito/ suicídio assistido), ou simplesmente por mecanismos que deixe que a morte natural o alcance (eutanásia passiva/ortotanásia), podendo ser voluntária ou não voluntária.

Nesse sentido, imperioso destacar que, garantir uma morte digna é enaltecer a vida, isto, pois, a morte, como um direito, não é forma de relativização do direito à vida, mas sim sua confirmação.

A efetivação do princípio da dignidade da pessoa humana deve partir do Estado, respeitando o direito de liberdade de cada individuo decidir pela sua própria vida, quando tal decisão não causa prejuízo a outrem, o que se constata do direito à morte. Isso é liberdade, isso é dignidade.

Assim, todo esse conteúdo abordado, reuniu pressupostos para que fosse analisada a possibilidade jurídica do direito à morte, ao que se constatou ser plenamente possível o reconhecimento deste direito como um direito fundamental constitucional, inclusive sendo observado que, pela ortotanásia, o direito à morte já é reconhecido e efetivado, mesmo que de forma implícita no Ordenamento Jurídico.

Ocorre que a ortotanásia, apensar de ser um meio de se garantir o direito à morte, tal instituto não contempla todo tipo de necessidade que se possa ter a fim de efetivar o direito de morrer sem que seu processo seja torturante, sendo urgente a necessidade de regulamentação das formas de morte assistida, as incluindo no Ordenamento Jurídico.

Por último, foi possível concluir que o Poder Legislativo encontra-se inerte com relação à discussão da regulamentação do direito à morte, devendo àqueles que desejam efetivar precioso direito de morrer com dignidade a uma decisão do Judiciário.

Espera-se que, de alguma forma, o presente estudo contribua como uma forma de provocar o debate a cerca do tema e, quem sabe, fomentar o interesse dos cidadãos no que se refere ao morrer com dignidade.

REFERÊNCIAS

AMUNDSEN, Darrel W: **The physician's obligation to prolong life: a medical duty without classical roots**. Hastings Center Report, V. 8, n. 4, 1978.

AQUINO, São Tomás: **Suma Teológica**. Edição Loyola, São Paulo. 2005. V. 6 II Seção da II Parte – Questões 57-122.

ARENDT, Hannah: **A condição humana.** Forense Universitária. 2ª ed. Rio de Janeiro. 1983.

ARIÉS, P: **A história da morte no Ocidente.** Trad. V. Siqueira. Francisco Alves. Rio de Janeiro. 1977.

ARISTOTELES: **Ética a Nicômaco**. 4 ed. São Paulo: Nova Cultura. 1991.

ASÚA, Luis Jiménez de. **Liberdade de Amar e Direito a Morrer. Tomo II Eutanásia e Endocrinologia.** Mandamentos Editora. 2003.

ASSIS, Jorge César de: **Comentários ao Código Penal Militar**. 7ª ed. Juruá. Curitiba. 2013.

ÁVILA, Humberto: **Teoria dos Princípios - da definição à aplicação dos princípios jurídicos**. 8ª Ed. Malheiros. São Paulo. 2008.

BARCHIFONTAINE, Christian de Paul de: **Bioética e Ínicio da Vida. Revista Pistis Praxis Teologia e Pastoral**. V. 2, n. 1, p. 41-55. Curitiba. Disponível na internet via

<http://www2.pucpr.br/reol/index.php/pistis?dd99=pdf&dd1=3546> Acesso em 07 Jan. 2017.

BARON, Charles H: **Droit Constitutionnel et bioéthique: l'expérience américaine.** Paris: Econômica, 1997

BARROSO, Luís Roberto, MARTEL, Letícia de Campos Velho: **A morte como ela é: dignidade e autonomia individual no final da vida.** Revista da Faculdade de Uberlândia V. 38. 2010.

BATISTA, Rodrigo Siqueira e SCHRAMM, Fermin Roland: **Conversações sobre a "boa morte": o debate bioético acerca da eutanásia.** Cadernos de Saúde Pública. Vol. 21, nº 1. Rio de Janeiro. Disponível na internet via < http://www.scielo.br/scielo.php?script=sci_arttext&pid=S0102-311X2005000100013> Acesso em 10 mar. 2017.

BECCARIA, Cesare: **Dos Delitos e das Penas**. 2ª Ed. Edipro. São Paulo. 2015.

BONAVIDES, Paulo: **Curso de Direito Constitucional**. 15ª ed. São Paulo: Malheiros, 2004.

BRASIL: **Anteprojeto do Novo Código Penal.** Disponível na internet via < http://www.senado.gov.br/atividade/materia/getP DF.asp?t=110444&tp=> Acesso em 18 nov. 2017.

BRASIL: **Constituição da República Federativa do Brasil de 1988.** Disponível na internet via <http://www.planalto.gov.br/ccivil_03/constituicao /constituicao.htm> Acesso em 09 nov. 2017.

BRASIL: **Decreto-Lei nº 1.001/1969 (Código Penal Militar)** Disponível na internet via

<https://www.planalto.gov.br/ccivil_03/decreto-lei/Del1001.htm> Acesso em 09 nov. 2017

BRASIL: **Decreto Lei nº 2.848/1940. (Código Penal)** Disponível na internet via <http://www.planalto.gov.br/ccivil_03/decreto-lei/Del2848compilado.htm> Acesso em 09 Nov. 2017.

BRASIL: **Lei nº 4.667/42 (Lei de Introdução às Normas do Direito Brasileiro)** Disponível na internet via <http://www.planalto.gov.br/ccivil_03/decreto-lei/Del4657.htm> Acesso em 09 Nov. 2017.

BRASIL: **Lei nº 9.434/1997 (Transplante)** Disponível na internet via <https://www.planalto.gov.br/ccivil_03/leis/L9434.htm> Acesso em 09 Nov.2017.

BRASIL: **Lei Nº 9.614/98 (Lei do Abate)**
Disponível na Internet via
<http://www.planalto.gov.br/ccivil_03/leis/L9614.
htm> Acesso em 07 Nov. 2017.

BRASIL: **Lei 11.105/05 (Lei de Biossegurança)**
Disponível na internet via
<http://www.planalto.gov.br/ccivil_03/_Ato2004-
2006/2005/lei/L11105.htm> Acesso em 07 Nov.
2017.

BRASIL: **Lei nº 13.300/16 (Lei do Mandado de
Injunção Individual e Coletivo)** Disponível na
internet via
<http://www.planalto.gov.br/ccivil_03/_ato2015-
2018/2016/lei/l13300.htm> Acesso em 10 Nov.
2017.

CABETE, Eduardo Luiz Santos: **Comentários
ao Novo Código de Ética Médica**. Del Rey.
Belo Horizonte. 2011.

CANOTILHO, José Joaquim Gomes: Direito Constitucional e Teoria da Constituição. 7ª Edição. Almedina. Lisboa. 2017.

CASABONA, Carlos María Romeo e QUEIROZ, Juliane Fernandes. (Coord.): **Biotecnologia e suas implicações Ético-jurídicas**. 1ª Ed. Del Rey. 2005.

CARDOSO, Juraciara Vieira: **Ortotanásia: uma análise comparativa da legislação brasileira projetada e em vigor.** Diponível na internet via < http://www.egov.ufsc.br/portal/conteudo/ortotan%C3%A1sia-uma-an%C3%A1lise-comparativa-da-legisla%C3%A7%C3%A3o-brasileira-projetada-e-em-vigor> Acesso em 18 Nov. 2017.

COCICOV, Giovanny Vitório Baratto: **Ortotanásia: Contribuições dos direitos de**

personalidade à dignidade da morte. Revista Jurídica Cesumar. Mestrado. V. 8. Paraná. 2008. p. 71.

CÓDIGO de Hamurábi: disponível na internet via <http://www.historia.seed.pr.gov.br/arquivos/File/ fontes%20historicas/codigo_hamurabi.pdf>. Acesso em 18 Nov. 2017.

COGO, Silvana Bastos e LUNARDI, Valéria Lerch: **Diretivas antecipadas de vontade aos doentes terminais: revisão integrativa.** Revista Brasileira de Enfermagem. vol.68 nº. 3 Brasília 2015. Disponível na Internet via < http://www.scielo.br/scielo.php?script=sci_arttext &pid=S0034-71672015000300524&lang=pt>. Acesso em 01 Nov. 2017.

COMPARATO, Fábio Konder: **A afirmação histórica dos direitos humanos**. 2010. 7ª ed.

CONCEA. Ministério da Ciência, Tecnologia e Inovação Conselho Nacional de Controle de Experimentação Animal: **Diretrizes da prática de eutanásia do CONCEA**. Brasília. 2013. Disponível na internet via <http://www.unifesp.br/reitoria/ceua/images/Diret rizes%20Eutanasia%20CONCEA.pdf> Acesso em 18 Nov. 2017.

CONSELHO Federal de Medicina: **Resolução CFM Nº 1.805/2006**. Disponível na internet via < http://www.portalmedico.org.br/resolucoes/cfm/2 006/1805_2006.htm>. Acesso em 18 Nov. 2017.

CONSELHO Federal de Medicina: **Resolução nº 1480/97**. Disponível na internet via <http://www.portalmedico.org.br/resolucoes/cfm/ 1997/1480_1997.htm> Acesso em 09 Nov. 2017.

CONSELHO Federal de Medicina: **Resolução 1.826/07**. Disponível na internet via

<https://www.diariodasleis.com.br/busca/exibelin
k.php?numlink=1-178-34-2007-10-24-1826>
Acesso em 09 Nov. 2017.

CONSELHO Regional de Medicina do estado de
São Paulo: **Juramento de Hipócrates**.
Disponível na internet via <
https://www.cremesp.org.br/?siteAcao=Historia&
esc=3> Acesso em 04 Nov.2017.

CORTE Norte Americana: **Vacco versus Quill
Oyez.** Disponível na Internet via <
https://www.oyez.org/cases/1996/95-1858>
Acessado em 02/ Nov. 2017.

CROCE, Delton e CROCE JUNIOR, Delton:
Manual de Medicina Legal. 8ª Ed. Saraiva. São
Paulo. 2012.

CUNHA, Rogério Sanches: **Manual de Direito Penal.** Parte Geral 4ª Ed. JusPodivm, Salvador. 2016.

________: **Manual de Direito Penal**. Parte Especial 8ª Ed. JusPodivm, Salvador. 2016.

DADALTO, Luciana; TUPINAMBÁS, Unai e GREGO, Dirceu Bartolomeu: **Diretivas antecipadas de vontade: um modelo brasileiro.** Revista Bioética. volume. 21 Nº3 Brasília 2013. Disponível na internet via <http://www.scielo.br/scielo.php?script=sci_arttext&pid=S1983-80422013000300011&lang=pt> Acesso em 28 Nov. 2017.

DECESARE, Michael: **Death on demand. Jack Kevorkian and the right to die movement**. Rowman & Littlefield. 2015.

DIAS, Maria Berenice: **Bioética e Direito.**
Disponível na internet via <
http://www.mariaberenicedias.com.br/uploads/1_
-_bio%E9tica_e_direito.pdf> Acesso em 04 Nov.
2017.

DINIZ, Maria Helena: **O estado atual do
Biodireito.** Saraiva. São Paulo. 4ª ed. 2007.

DWORKIN, Ronald: **Domínio da vida: aborto,
eutanásia e liberdades individuais.** Martins
Fontes. São Paulo. 2003.

__________: **Uma questão de princípio**. 2. ed.
Martins Fontes, São Paulo. 2005.

FREDERICO JÚNIOR, José Luizilo: **A
Constituição brasileira proíbe a eutanásia?**
Portal de e-governo, inclusão digital e sociedade
do conhecimento. Disponível na internet via <
http://www.egov.ufsc.br/portal/conteudo/constitui

%C3%A7%C3%A3o-brasileira-pro%C3%ADbe-eutan%C3%A1sia> Acesso em 09 Nov. 2017.

FREUD, Sigmund: **Luto e Melancolia.** 1ª Ed. Cosac Naify, São Paulo. 2013.

GEDIEL, José Antônio Peres. **Os transplantes de órgãos e a invenção moderna do corpo**. Curitiba: Moinho do Verbo, 2000.

GIOSTRI, Hildegard Taggesell: **A morte, o morrer, a doação de órgãos e a dignidade da pessoa humana. Biodireito e dignidade da pessoa humana.** Coord. CORRÊA, Elídia Aparecida de Andrade et. Al. 1ª Ed. Juruá. Curitiba. 2012.

HOLLAND, Stephen: **Bioética enfoque filosófico**. Trad. Pudenzi, Luciana. Edições Loyola. São Paulo. 2008.

IBGE – Instituto Brasileiro de Geografia e Estatística: Disponível na Internet via <http://www.ibge.gov.br/apps/populacao/projecao/>. Acesso em 01 Nov. 2017.

KANT, Immanuel: **Fundamentação da Metafísica dos Costumes.** Edições 70. Lisboa. Portugal. 2007.

KELSEN, Hans: **Teoria Pura do Direito.** Martins Fontes. São Paulo. 1999. 6ª ed.

KOVÁCZ, Maria Julia: **Desenvolvimento da Tanatologia: estudos sobre a morte e o morrer.** Paidéia. 2008. Disponível na internet via < http://www.scielo.br/pdf/paideia/v18n41/v18n41a04.pdf>. Acesso em 03 Nov. 2017.

MABTUM, Matheus Massaro e MARCHETTO Patrícia Borba: **O debate bioético e jurídico**

sobre as diretivas antecipadas da vontade.
Cultura Acadêmica. São Paulo. 2015.

MALUF, Adriana Caldas do Rego Freitas Dabus
Maluf: **Curso de Bioética e Biodireito.** 2ª Ed.
Atlas. São Paulo. 2013.

MANJINSKI, Everson e MANJINSKI, Geraldo:
Direito Civil Parte Geral. 4ª Ed. Versão
Eletrônica, Ponta Grossa. 2012.

MARKY, Thomas: **Curso Elementar de Direito
Romano**. 8 ed. São Paulo: Saraiva. 1995.

MARQUES, Gustavo Henrique Cavalcante el al:
**Educação Social e os Requisitos para o
Ingresso na Política.** Revista do Curso de
Direito da Faculdade de Humanidades e Direito,
v. 12, n. 12, 2015.

MARTINS, Ives Gandra da Silva: **Conheça a Constituição. Comentários à Constituição Brasileira**. Manole. São Paulo. V.1 Ed. 1ª 2005.

MAZZUOLI, Valerio de Oliveira: **Curso de Direito Internacional Público**. 2ª Ed. Revista dos Tribunais. São Paulo. 2007.

MELLO, Celso Antônio Bandeira de: **Curso de Direito Administrativo**. 16 ed. São Paulo: Malheiros, 2003.

MICHAELIS: **Dicionário Brasileiro da Lingua Portuguesa.** Disponível na internet via <http://michaelis.uol.com.br/busca?r=0&f=0&t=0&palavra=princ%C3%ADpio> Acesso em 18 Nov. 2017.

MONTORO, André Franco: **Introdução à Ciência do Direito.** V. 1. 24ª ed . São Paulo: Revista dos Tribunais. 1997.

MORAES, Alexandre de: **Direito Constitucional**. 33ª ed. Editora Atlas. 2017.

NIETZSCHE, Friedrich Wilhelm: **O Livro do Filósofo**. Editora Escala. São Paulo. 2013.

Nunes R, Rego G, Duarte I (coord): **Eutanásia e outras questões éticas no fim da vida**. Coimbra: Gráfica de Coimbra 2; 2009.

ONU, Organização das Nações Unidas: **Declaração Universal dos Direitos Humanos**. 1948. Disponivel na internet via < http://www.onu.org.br/img/2014/09/DUDH.pdf>. Acesso em: 04 Nov. 2017.

ORLEANS, Helen Cristina Leite de: **ADINº 3.510 e Supremo Tribunal Federal: uma análise do julgamento sobre as pesquisas com células-tronco à luz do pensamento de John Rawls.**

Instituto Dos Advogados Brasileiros. Revista Digital. Ano V – Número 18. Rio de Janeiro. 2013.

PAULO, Vicente e ALEXANDRINO, Marcelo: **Direito Constitucional Descomplicado**. 4. Ed. São Paulo: Metodo, 2009.

PESSINI, Leo: **Vida e morte na UTI: a ética no fio da navalha**. Revista Bioética. vol.24 no. 1 Brasília Jan./Apr. 2016.

________: **Distanásia. Até quando prolongar a vida?** Edições Loyola. São Paulo. 2007.

________: **Eutanásia: Por que abreviar a vida?** Edições Loyola. São Paulo. 2004.

PESSOA, Laura Scalldaferri: **Pensar o final da vida: Direito à morte digna.** Universidade Federal da Bahia. Salvador. 2011. Disponível na

internet via
<http://www.repositorio.ufba.br:8080/ri/bitstream/
ri/9036/1/LAURA%20SCALLDAFERRI%20PESS
OA%20-
%20DISSERTA%C3%87%C3%83O.pdf>
Acesso em 02 Nov. 2017.

PINHO, Rodrigo César Rebello: **Teoria Geral da
Constituição e Direitos Fundamentais.**
SARAIVA. São Paulo V. 17. Ed. 11ª. 2011.

PINTO, Heráclito Fontoura Sobral: **Por que eu
defendo os comunistas.** Editora Comunicação.
Minas Gerais. 1979.

PLATÃO: **Apologia de Sócrates**. 1ª Ed.
Saraiva. São Paulo. 2013.

PORTUGAL: Assembléia da República.
Eutanásia e Suicídio Assistido. Legislação
Comparada. Coleção Temas nº 60. 2016. P. 9.

Disponível na Internet via <
http://www.eurel.info/IMG/pdf/eutanasia_suicidio
_assistido__ar_portugal.pdf> Acesso em 18 Nov.
2017.

REALE, Miguel: **Lições Preliminares de
Direito**. 27ª ed. São Paulo: Saraiva. 2014.

REZENDE, Joffre Marcondes de Rezende.
Crônicas de história da medicina. São Paulo:
Editora Unifesp, 2009.

SÁ, Maria de Fátima Freire de: **Direito de
morrer. Eutanásia, Suicídio Assistido**. 2ª Ed.
Del Rey. Belo Horizonte. 2005.

SANDEL, Michael J.: **Justiça. O que é fazer a
coisa certa.** 23ª Ed. Civilização Brasileira. Rio
de Janeiro. 2017.

SANTOS, Sandra Cristina Patrício dos: Eutanásia e suicídio assistido. O direito e liberdade de escolha. Dissertação de Mestrado. Faculdade de Letras da Universidade de Coimbra. 2011. P. 10. Disponível na Internet via <https://estudogeral.sib.uc.pt/bitstream/10316/19 198/1/SANDRA%20CRISITNA.pdf> Acesso em 18 Nov. 2017.

SANTOS. Maria Celeste Cordeiro Leite: **Contornos atuais da eutanásia e da ortotanásia: bioética e biodireito. A necessidade do controle social das técnicas médicas**. Revista da Faculdade de Direito, Universidade de São Paulo. Disponível na internet via <http://www.revistas.usp.br/rfdusp/article/viewFil e/67442/70052> Acesso em 18 Nov. 2017.

SÃO PAULO: **Lei Estadual nº 10.241/99.** Disponível na internet via

<http://www.pge.sp.gov.br/centrodeestudos/bibli
otecavirtual/dh/volume%20i/saudelei10241.htm>
Acesso em 18 Nov. 2017.

SARLET, Ingo Wolfgang: **Dignidade da Pessoa Humana e Direitos Fundamentais na Constituição Federal de 1988**. Livraria do Advogado. Porto Alegre. 2001.

________; MARINONI, Luis Guilherme e MITIDIERO, Daniel: **Curso de Direito Constitucional**. 4ª Ed. São Paulo. Saraiva. 2015.

SARMENTO, Daniel: **Direitos Fundamentais e Relações Privadas**. 2ª Ed. Rio de Janeiro: Lúmen Júris, 2010.

SCALQUETTE, Ana Cláudia Silva e CAMILLO, Carlos Eduardo Nicoletti: **Direito e Medicina**. São Paulo: Atlas. 2015.

_______; SCALQUETTE, Rodrigo Arnoni: **Análise contemporânea da tutela dos casos difíceis: o precedente no direito brasileiro**. Coord. Ana Cláudia Silva Scalquette e José Francisco Siqueira Neto, Org. Carlos Eduardo Nicoletti Camilo e Gianpaolo Poggio Smanio. Atlas. São Paulo. 2013.

SENADO: PL Nº 125/96. Disponível na internet via < https://www25.senado.leg.br/web/atividade/mater ias/-/materia/27928> Acesso em 09 Nov. 2017.

SICA, Leonardo: **Justiça Restaurativa e Mediação Penal – O Novo Modelo de Justiça Criminal e de Gestão do Crime**. Rio de Janeiro: Lumen Juris. 2007.

SILVA, José Afonso da: **Curso de Direito Constitucional Positivo**. 29ª ed. São Paulo: Malheiros. 2006

SILVA, Filipa Martins e NUNES, Rui: **Caso belga de eutanásia em crianças: solução ou problema?**. Revista Bioética. Vol.23 N° 3 Brasília 2015.

SOUZA, Rogério Teixeira: **Comentários à Teoria da Máxima Efetividade**. Disponível na Internet via <http://www.avm.edu.br/monopdf/41/ROG%C3% 89RIO%20TEIXEIRA%20SOUZA.pdf.> Acesso em 18 Nov. 2017.

URUGUAI: **Lei 9414/34 (Código Penal).** Disponível na internet via < https://www.ufrgs.br/bioetica/penaluru.htm > Acesso em 18 Nov. 2017.

WATKINS, S.A: ***The Mary Ellen myth:
Correcting child welfare history.*** *Social Work,
1990.*

WORLD Health Organization: **Constitution of
the World Health Organization.** 2014. p.1
Disponível na internet via
<http://apps.who.int/gb/bd/PDF/bd48/basic-
documents-48th-edition-en.pdf#page=7> Acesso
em 18 Nov. 2017.